FACULTÉ DE DROIT DE PARIS.

THÈSE
POUR LE DOCTORAT

PRÉSENTÉE

PAR

MARC DRAGOUMIS

DE LA CONDITION CIVILE DE L'ÉTRANGER EN FRANCE

PARIS

IMPRIMÉ PAR E. THUNOT ET Ce

RUE RACINE, 26

1864

FACULTÉ DE DROIT DE PARIS.

THÈSE POUR LE DOCTORAT

DE LA CONDITION CIVILE DE L'ÉTRANGER EN FRANCE

L'ACTE PUBLIC SUR LES MATIÈRES SUIVANTES SERA SOUTENU

le jeudi 28 avril 1864, à midi,

EN PRÉSENCE DE M. L'INSPECTEUR GÉNÉRAL GIRAUD,

PAR

MARC DRAGOUMIS,
Né à Athènes (Grèce).

PRÉSIDENT : **M. ORTOLAN**, professeur.

SUFFRAGANTS : MM. **VALETTE, DEMANGEAT, COLMET DE SANTERRE,** Professeurs. **BUFNOIR,** Agrégé.

Le candidat répondra, en outre, aux questions qui lui seront faites sur les autres matières de l'enseignement.

PARIS
IMPRIMÉ PAR E. THUNOT ET Ce,
RUE RACINE, 26, PRÈS DE L'ODÉON.
1864

A MON PÈRE, A MA MÈRE.

DE LA

CONDITION CIVILE

DES

ÉTRANGERS EN FRANCE

> « Πολει δὲ, ἥτις ἂν μήτε χρηματίζηται πλὴν
> « τὸν ἐκ γῆς χρηματισμὸν μήτ' ἐμπορεύηται,
> « περὶ ἀποδημίας ἑαυτῶν ἔξω τῆς χώρας καὶ
> « ξενων ὑποδοχῆς ἄλλοθεν ἀνάγκη βεβου-
> « λεῦσθαι, τὶ χρὴ δρᾶν. »
>
> (Platon, Lois XII, 5.)

AVANT-PROPOS.

L'intitulé de ce travail en indique clairement les limites, limites que nous tâcherons de ne pas transgresser. Nous ne parlerons ni des modes d'assimilation des étrangers aux nationaux, ni de la condition des étrangers au point de vue du droit constitutionnel. La situation que les lois françaises font à l'étranger sous le rapport du droit privé, tel sera l'unique objet de notre étude. Nous nous attacherons, à cet égard, beaucoup plus à l'état actuel du droit qu'à l'examen de la partie historique; nous donnerons, toutefois, quelques notions historiques, car elles sont indispensables pour l'intelligence de cette matière.

Même ainsi limitée, notre tâche est des plus difficiles : ce qui concerne la condition de l'étranger en France n'a été réglé que d'une manière imparfaite par le législateur ; quelques rares dispositions, éparses dans les lois, donnent lieu à de vives controverses, et l'article du Code Napoléon dans lequel on paraît avoir voulu poser une règle générale, est lui-même diversement interprété. Ces considérations feront, nous osons l'espérer, accueillir cet essai avec quelque indulgence.

PREMIÈRE PARTIE.

NOTIONS HISTORIQUES.

Dans les origines du droit coutumier, nous rencontrons en France deux classes d'étrangers, les ***aubains*** et les *épaves* (1).

Les *aubains* sont, nous dit un extrait des registres de la chambre des comptes, rapporté par Bacquet (2), « hommes et femmes qui sont nez en ville dehors le « royaume, si prochain que l'on peut connoistre les « noms et nativitez de tels hommes et femmes. » Il faut y comprendre aussi, d'après Loysel, les personnes qui, « étant natives du royaume, s'en sont volontaire- « ment étrangées. »

On a donné diverses étymologies du mot *aubain*

(1) Pothier, *Personnes*, 1re part., t. 2, sect. 2, n° 48.
(2) *Traité du droit d'aubaine*, chap. 3.

(*albanus*), mot que nous rencontrons déjà dans une charte de Louis le Débonnaire, donnée à Inchad, évêque de Paris (1). Nous ne mentionnerons que pour mémoire celle qui fait dériver ce mot de *alibi natus*, et qui a été qualifiée de *jeu de mots ridicule* (2); elle rappelle, par sa naïveté, l'étymologie que les Institutes de Justinien nous donnent du testament (3) : « *Testamentum ex eo appellatur, quod testatio mentis est.* »

Cujas fait venir le mot *aubain* de *advena*. M. Sapey (4) le fait dériver de l'*album*, registre sur lequel le collecteur des mainmortes inscrivait tous les ans les noms des étrangers qui venaient demeurer au bailliage (5).

Nous sommes plutôt de l'avis de ceux qui croient que la dénomination *albani*, propre aux Écossais, fut donnée à tous les étrangers; car, dans ces temps reculés, la plupart des étrangers qui venaient en France étaient des Anglais, et surtout des Écossais (6). Cette habitude de désigner tous les étrangers par le nom particulier à une nation étrangère se rencontre souvent chez les peuples de l'antiquité; ainsi les Juifs appelaient *Grecs* tous les étrangers (7); de nos jours

(1) *Append. ad capit.*, c. 36.

(2) De Laurière, *Gloss.*, v° *Aubain.*

(3) Inst., liv. 2, tit. 10, pr.

(4) *Les Étrangers en France*, p. 52 et suiv.

(5) Cet usage paraît remonter à Charlemagne, qui, par un capitulaire de 806, chargea les *missi dominici* de faire le dénombrement des étrangers établis dans chaque *missaticum*.

(6) *Conf.* De Laurière, *loc. cit.*; Ducange, *Gloss.*, v° *Albanare;* Demangeat, *Histoire de la condition civile des étrangers en France*, p. 66 à 69; Soloman, *Essai sur la condition juridique des étrangers*, 1re part., chap. 6, la note 16.

(7) Dieu, nous dit saint Paul (Épître aux Romains, 10, 12), accordera leur salut à tous ceux qui ont la foi, car il ne fait pas de distinction entre les Juifs et les Grecs (οὐ γάρ ἐστι διαστολὴ Ἰουδαίου τε καὶ Ἕλληνος).

encore les peuples de l'Orient donnent le nom de *Francs* à tous les Occidentaux.

Les *épaves*, d'après l'extrait déjà cité de la chambre des comptes, « sont hommes et femmes nez dehors le « royaume, de si loingtains lieux que l'on n'en peut « au royaume avoir connoissance de leurs nativitez. » Ce mot vient de *expavefactus* (effrayé, effarouché) : l'étranger de cette classe est comparé à l'animal que l'effroi a éloigné du troupeau, et dont on ignore le maître.

Du reste, cette distinction des étrangers en *aubains* et *épaves* n'avait pas d'intérêt pratique.

Il faut se garder bien de croire qu'on n'a de tout temps, en France, considéré comme étrangers que ceux qui n'étaient pas Français : nous voyons au contraire que, du IXe au XIVe siècle, un Français pouvait être considéré en France comme aubain; cela peut paraître étrange, mais s'explique par l'organisation féodale du pays pendant cette période (1). En effet, les seigneurs féodaux étaient alors de véritables petits souverains, et les faibles, dans un intérêt de sécurité de leurs personnes et de leurs biens, étaient obligés de se mettre au nombre des vassaux ou des serfs du suzerain dans le territoire duquel ils résidaient : l'unité de la France n'existait que de nom, et en fait, chacune de ces petites souverainetés était indépendante; il en était résulté que celui qui quittait une seigneurie ou un diocèse pour aller s'établir dans une autre sei-

(1) On place communément l'origine de la féodalité dans un capitulaire de 877, par lequel Charles le Chauve déclara les offices royaux héréditaires.

gneurie ou dans un autre diocèse, était considéré comme aubain, devait se reconnaître l'homme du nouveau seigneur, et était assimilé aux serfs de celui-ci. Le cercle, qu'on ne pouvait ainsi quitter que sous peine d'être considéré comme aubain, étroit d'abord, s'était élargi peu à peu par suite des inféodations, et l'on était arrivé à ne considérer comme aubain que celui qui sortait du territoire d'un des grands feudataires relevant immédiatement de la couronne pour aller s'établir dans le territoire d'un autre feudataire. Enfin, après une lutte opiniâtre, la royauté a fini par reprendre le pouvoir qu'elle avait laissé échapper de ses mains, et, l'unité une fois reconstituée, l'usage de considérer en France des Français comme étrangers est tombé avec l'état de choses qui lui avait donné naissance. A partir de cette époque (1), il n'y eut en France d'étrangers autres que ceux qui n'étaient pas nés dans une partie quelconque du territoire français.

Cette prépondérance de la royauté, jointe à d'autres circonstances, telles que l'émancipation des communes (2) et le rapprochement opéré entre les nations chrétiennes par les croisades, amena progressivement l'affranchissement des aubains. D'un autre côté, après des luttes acharnées (3) dans lesquelles elle fut puissamment aidée par la subtilité de ses légistes, la royauté parvint à se substituer aux seigneurs et à

(1) A partir de Philippe le Bel.

(2) Malgré une vive résistance de la part des seigneurs, il avait été établi que les serfs qui viendraient habiter une commune arriveraient à la franchise, soit immédiatement, soit après une résidence d'an et jour, suivant les lieux.

(3) Le débat était encore incertain au XVIe siècle.

recueillir à leur place les divers émoluments qui continuaient à peser sur les aubains, même après leur affranchissement (1).

C'est ainsi que la servitude primitive des étrangers a disparu pour faire place au *droit d'aubaine* proprement dit, au profit du roi.

Parmi les émoluments compris dans le droit d'aubaine, deux ne paraissent avoir survécu que peu de temps à l'abolition du servage qui leur avait donné naissance : nous voulons parler des droits de *chevage* et de *formariage*. Le *droit de chevage* consistait en une redevance annuelle due par tout *chef*, marié ou veuf, d'où lui venait son nom de *chevage*. « Pendant long-« temps, dit M. Demangeat (2), ce droit fut perçu par « le roi sous le prétexte qu'il avait par là le moyen de « connaître tous les étrangers qui se trouvaient dans « ses États; peut-être serait-il plus exact de dire au « contraire que, si nos rois depuis Charlemagne se « montrent si désireux d'être instruits des noms et « surnoms des étrangers établis en leur obéissance; « c'est, entre autres motifs, afin qu'aucun de ces étran-« gers ne puisse se dispenser d'acquitter le cens ou le « droit de chevage. »

Quant au *droit de formariage*, il était dû par l'aubain qui voulait obtenir l'autorisation de contracter mariage avec une personne *autre que de sa condition*, ce qui, à l'époque féodale, s'entendait surtout du cas où il vou-

(1) Dumoulin a été le principal champion des droits des seigneurs. Bacquet a soutenu les prétentions de la couronne. (V. notamment son *Traité de l'aubaine*, 4, 27, n° 2.)

(2) *Hist. de la cond. des étr.*, p. 101.

lait se marier à une personne établie dans une autre seigneurie (1). Que s'il se mariait sans avoir obtenu l'autorisation, il encourait une amende.

Ces deux droits de chevage et de formariage devaient nécessairement s'effacer peu à peu, à mesure qu'on s'éloignait de l'état qui y avait donné lieu ; ils sont en effet tombés en désuétude, mais n'ont jamais été formellement abolis : aussi voyons-nous plusieurs rois de France les invoquer pour imposer sur les étrangers certaines taxes nécessitées par les circonstances (2).

La condition des aubains devenait ainsi de moins en moins dure, mais il s'en fallait de beaucoup qu'elle ressemblât à celle des citoyens : les aubains étaient séparés des regnicoles par de nombreuses différences, et nous allons parcourir rapidement les principales parmi celles qui se rapportaient au droit privé :

I. L'étranger demandeur en justice devait donner caution de payer les frais et autres condamnations accessoires qui pourraient être prononcées contre lui dans le cours du procès (3), et la jurisprudence des parlements avait fini par admettre que cette caution devait être fournie dans tous les cas, que le défendeur fût Français ou étranger.

C'est improprement et par suite de la tendance qu'on

(1) Le motif de cet usage barbare était, on le voit, analogue à celui qui avait dicté les dispositions du droit romain sur les unions entre les personnes libres et esclaves, dispositions qui avaient pour but de régler la condition de l'enfant (*Comm. Gai.*, 1, §§ 81 à 86).

(2) C'est ce que fit notamment Louis XIV, dans une déclaration de 1697.

(3) Nous voyons qu'au XIIIe siècle, le Français lui-même, qui plaidait devant une cour autre que celle de son seigneur, devait fournir pareille caution (Beaumanoir, *Cout. de Beauv.*, chap. 45, § 32).

avait anciennement de placer dans le droit romain l'origine d'institutions purement coutumières, qu'on a donné à cette caution le nom de caution *judicatum solvi*. La caution *judicatum solvi* n'était exigée en droit romain, que du défendeur et dans des cas qui n'ont aucun rapport avec celui qui nous occupe (1).

La question de savoir si le défendeur étranger était assujetti à cette caution ayant été soulevée, un arrêt du 13 février 1581, mentionné par Pothier (2), l'avait résolue négativement.

II. L'étranger était soumis à la contrainte par corps pour toute sorte de condamnations, même purement civiles, prononcées contre lui, tandis que l'ordonnance de 1667 avait abrogé (3) la contrainte par corps en matière civile en faveur des citoyens, en ne les y soumettant que dans certains cas. Antérieurement à cette ordonnance, étrangers et citoyens étaient, sous ce rapport, dans une position semblable.

La contrainte par corps fut successivement abolie par la convention (loi du 9 mars 1793) comme attenta-

(1) Gaïus (*Comm.* 4, §§ 91 et suiv.) nous explique un premier cas où la caution *judicatum solvi* était exigée : on peut, nous dit-il, agir *in rem* de deux manières, soit *per formulam petitoriam*, soit *per sponsionem*; lorsque le demandeur emploie la *formula petitoria*, le possesseur doit fournir caution *judicatum solvi*. Quant au demandeur, il ne doit aucune caution s'il agit en personne ou par un *cognitor*; que s'il agit par un *procurator*, celui-ci doit fournir la caution *ratam rem dominum habiturum*. — La caution *judicatum solvi* était due, en second lieu, par celui qui défendait pour autrui dans une action *in personam* (Inst. de Just., liv. 4, tit. 11). — D'après la loi 6, ff., *Judic. solvi* (46, 7), la caution *judicatum solvi* comprenait « *tres clausulas in unum collatas* : » 1° *de re judicata* (de se conformer à la chose jugée); 2° *de re defendenda* (de rester à l'instance jusqu'à la fin); 3° *de dolo malo* (de ne pas commettre de dol).

(2) *Personnes*, t. 2, § 2, n° 49.

(3) Tit. 34, art. 1.

toire aux droits de l'homme, puis rétablie en principe le 24 ventôse an V et organisée par la loi du 15 germinal an VI. Ces différentes lois mettaient les étrangers sur la même ligne que les Français : ainsi, sous l'empire de la loi du 7 mars 1793, les étrangers n'étaient pas soumis à la contrainte par corps; sous l'empire des deux autres lois, ils n'y étaient soumis que dans les cas où les Français l'étaient également. Une loi du 4 floréal an VI a fait cesser cette similitude, mais seulement quant aux engagements de commerce entre Français et étrangers; plus tard, une loi du 10 septembre 1807 a ressuscité contre les étrangers les dispositions de l'ancien droit; elle fut abrogée par la loi générale du 17 avril 1832, aujourd'hui en vigueur.

III. L'étranger, à la différence du regnicole, n'était pas admis au *bénéfice de cession* (1), c'est-à-dire à la faculté d'anéantir et de faire cesser les poursuites de ses créanciers en leur faisant abandon de ses biens; « autrement, dit Bacquet, l'étranger pourrait à son « advantage sucer le sang et la moëlle des Français, « puis les payer en faillites. » Du reste, la jurisprudence, par un esprit de juste réciprocité, refusait aux Français, à l'égard des étrangers, le bénéfice de cession.

IV. Il y avait certains actes solennels, tels que les testaments, pour lesquels on ne pouvait prendre comme témoins que des regnicoles : les étrangers ne pouvaient pas servir comme tels.

(1) Ordonn. de 1673, tit. 10, art. 2.

V. L'étranger était, quant aux biens situés en France, frappé de la double incapacité de succéder et de transmettre, soit *ab intestat*, soit par testament, à quelque personne que ce fût. Parmi les incapacités des aubains, celle-ci était la principale; aussi la désignait-on plus particulièrement sous le nom de *droit d'aubaine* (1).

Cette incapacité était une conséquence de l'ancien état de servage des aubains : le seigneur était en effet, à la mort du serf, propriétaire de tout ce que celui-ci avait pu acquérir et ne devait pas par conséquent souffrir de ses libéralités. Cependant ici encore, de même que pour la caution, les anciens jurisconsultes français ont voulu voir une règle d'origine romaine et rattacher l'incapacité de l'étranger à la distinction que les Romains faisaient entre le *jus civile* et le *jus gentium ;* mais, nous ne cesserons pas de le répéter, le droit français, en ce qui concerne la condition des étrangers, n'a rien emprunté au droit romain, et si parfois quelque similitude apparaît en cette matière entre les deux législations, elle est purement accidentelle et ne doit pas être autrement expliquée (2).

Quoi qu'il en soit, la jurisprudence tenait à cette antique distinction entre le *jus gentium* et le *jus civile :*

(1) Ainsi l'expression *droit d'aubaine* avait trois significations plus ou moins larges : 1° dans son sens le plus général elle désignait l'ensemble des règles du droit relatives aux aubains; 2° dans un sens plus restreint elle signifiait la double incapacité de succéder et de transmettre; 3° dans un sens très-restreint et tout à fait fiscal elle indiquait le droit en vertu duquel le roi s'emparait des biens que l'étranger décédé avait laissés dans ses États.

(2) Si le pérégrin n'avait pas la *factio testamenti* avec le citoyen romain (Reg. Ulp. 22, § 2), c'est que, n'ayant pas le *commercium*, il ne pouvait pas figurer dans la forme classique du testament *per æs et libram*. Il résulte du reste d'un texte d'Ulpien (Reg. 20, § 14) que le pérégrin pouvait tester conformément à ce que

elle la généralisait et, tout en déclarant les aubains capables des actes qu'elle considérait comme étant du *droit des gens*, elle leur interdisait ceux qu'il lui plaisait de qualifier *de droit civil*. Il leur était permis de vendre, d'échanger, de louer, d'hypothéquer, même de faire ou de recevoir des donations entre vifs; il leur était défendu de disposer et de recevoir par donation à cause de mort (1) ou par testament, de transmettre ou de recueillir une succession et, par une conséquence logique, d'exercer le retrait lignager. On arrivait ainsi à dire de l'étranger, ce que les Romains disaient du Latin Junien, *qu'il vit libre et meurt serf* (2).

Examinons maintenant d'une manière plus détaillée la double incapacité de transmettre et de recueillir une succession :

A. L'aubain ne pouvait pas transmettre sa succession, soit par testament, soit *ab intestat*, soit à ses

nous aurions appelé aujourd'hui sa loi personnelle : le déditice, nous dit ce texte, ne peut pas faire un testament, « *quoniam nec quasi civis romanus testari* « *potest, cum sit peregrinus, nec quasi peregrinus, quoniam nullius certæ civitatis civis* « *est, ut secundum leges civitatis suæ testetur.* »

(1) L'art. 267 de la coutume de Paris empêchait la fraude : « Toutes dona-« tions, encore qu'elles soient conceües entre vifs, faites par personnes gisants « au lit malades de maladie dont ils décèdent, sont réputées faites à cause de « mort et testamentaires et non entre vifs. »

(2) « *Latinorum legitimæ successiones nullæ penitus erant ; qui, licet ut liberi vitam* « *suam peragebant, attamen ipso ultimo spiritu simul animam atque libertatem amit-* « *tebant, et, quasi servorum, ita bona eorum jure quodammodo peculii, ex lege Julia* « *manumissores detinebant.* » (Inst. de Justin., liv. 3, t. 7, § 4.—V. aussi Gaïus, 3, § 56.) De cette considération que les biens du Latin Junien étaient attribués au *manumissor jure peculii* et non pas *jure hereditatis*, on déduisait plusieurs différences remarquables entre le cas où l'affranchi *de cujus* était citoyen et celui où il était Latin Junien. (V. Gaïus, 3, §§ 57 à 63).

parents, soit à tous autres ; à sa mort, le roi s'emparait des biens qu'il laissait en France.

Dans cette première hypothèse c'était la nationalité du *de cujus* qui faisait naître l'incapacité.

Cette règle s'appliquait sans difficulté à l'étranger résidant en France ; elle était appliquée, malgré quelques dissidences, à celui qui ne faisait que traverser accidentellement le territoire français ou même à celui qui n'y avait jamais mis le pied, mais qui y possédait des biens.

B. L'aubain ne pouvait pas recueillir la succession, soit testamentaire, soit *ab intestat*, laissée soit par un de ses parents, soit par une autre personne. Ici c'était la nationalité du successible qui l'empêchait de recueillir : la succession était dévolue, à son défaut, aux parents français du *de cujus* (en supposant ce dernier capable de transmettre).

Les deux règles que nous venons d'exposer avaient reçu, avec le temps, plusieurs exceptions, dont voici les principales :

1° L'étranger transmettait sa succession à ses enfants nés et résidant en France ou naturalisés. Il y avait ici dérogation à la première règle, car ces enfants, étant Français (1), étaient par eux mêmes capables de succéder ; ce n'étaient pas eux qu'on relevait de l'incapacité de succéder, c'était leur père qu'on relevait de l'incapacité de transmettre. Mais cette exception en amenait une autre qui faisait disparaître le droit d'aubaine

(1) « *Les citoyens, les vrais et naturels Français,* sont ceux qui sont nés dans l'étendue de la domination française. » (Pothier, *Pers.*, t. 2, § 1, n° 43).

sous sa double face. En effet, la présence de ces enfants nés dans le royaume rendant le fisc désintéressé, on décidait que leurs frères et sœurs, nés en pays étranger mais résidant en France, viendraient à la succession en concours avec eux. L'exception ici était double : le père était relevé de l'incapacité de transmettre, et les enfants étrangers de celle de succéder.

Ajoutons qu'on n'appliquait pas, sur ce point, le principe de réciprocité, et que cet aubain, relevé, au profit de ses enfants légitimes et regnicoles, de l'incapacité de transmettre, ne demeurait pas moins incapable de leur succéder.

2° La double incapacité dont nous parlons cessait également par la concession à l'aubain de *lettres de naturalité*. Ces lettres étaient accordées, moyennant finance, en grande chancellerie, par le roi, seul dépositaire de la puissance souveraine; elles devaient être enregistrées en la chambre des comptes (1).

Les lettres de naturalité rendaient l'étranger capable de transmettre sa succession, soit par testament, soit *ab intestat;* elles le rendaient également capable de recueillir une succession ou de recevoir par testament (2); mais il faut observer que les étrangers naturalisés ne pouvaient transmettre leurs biens situés en France qu'à ceux de leurs parents qui étaient nés Fran-

(1) Pothier, *Pers.*, t. 2, sect. 5, n°s 50 et 51.

(2) De plus la concession des lettres de naturalité relevait l'étranger des autres incapacités dont nous avons parlé : « Les étrangers naturalisés, dit Pothier « (*loc. cit.*, n° 52), ne sont pas tenus de donner la caution *judicatum solvi;* ils « doivent être admis au bénéfice de cession; la contrainte par corps n'a pas lieu « contre eux en matière civile, ils peuvent être témoins valables dans toutes « sortes d'actes, même les plus solennels. »

çais ou qui avaient été naturalisés (1), et que, à l'inverse, un étranger naturalisé ne pouvait hériter que d'un Français ou d'un étranger naturalisé (2).

Si l'étranger naturalisé venait à mourir *intestat* sans laisser des parents français ou naturalisés, sa succession allait au roi. A cet égard, même après qu'il fut admis que les profits de l'aubaine appartenaient à la couronne, les seigneurs hauts justiciers avaient prétendu que, dans l'hypothèse dont il s'agit, la succession devait leur être attribuée, non plus par droit d'aubaine, mais par droit de déshérence. Cette prétention fut écartée par la raison que les lettres de naturalité, étant un bienfait accordé à l'étranger, ne pouvaient pas profiter aux seigneurs, et que leur concession ne devait pas tourner au préjudice du roi qui l'avait faite : *Beneficium non reflectitur in præjudicium concedentis*.

3° Plusieurs rois de France, dans l'intérêt du commerce et de l'industrie, exemptèrent du droit d'aubaine les marchands étrangers qui décédaient en France et les déclarèrent capables de transmettre par testament ou *ab intestat*. Ce privilége fut d'abord accordé aux marchands fréquentant les foires, qui étaient à l'origine les seuls centres des opérations commerciales (3); il a été ensuite étendu à quelques villes de

(1) Tel était le sens de la clause : « *Proviso quod heredes sint regnicolæ* » qu'on avait l'habitude d'insérer dans les lettres.

(2) Nous avons vu cependant que, par une exception à la règle que l'étranger était incapable de transmettre, ses enfants légitimes et naturalisés pouvaient recueillir sa succession.

(3) Les foires de Champagne, de Brie, de Lyon étaient célèbres.

commerce, et enfin, vers le XVIe siècle, à tous les marchands étrangers décédant en France. Du reste, le but même de ce privilége, qui était de favoriser le commerce, le faisait restreindre aux meubles; eux seuls étaient exemptés du droit d'aubaine.

4° Les individus originaires de provinces telles que la Flandre et le comté d'Avignon, qui avaient autrefois appartenu aux rois de France, et sur lesquelles la couronne n'avait pas abdiqué ses prétentions, n'étaient pas non plus traités comme aubains : les traiter ainsi aurait été renoncer implicitement au droit de souveraineté sur ces provinces.

5° Ce qui avait surtout adouci la condition des aubains en France, c'étaient les traités conclus avec les puissances étrangères. Un des plus anciens est celui qui fut passé le 5 août 1529, à Cambrai, au nom de Charles-Quint et de François Ier, et qu'on appelle habituellement « *la paix des Dames*, » parce que les plénipotentiaires étaient deux femmes : Marguerite, archiduchesse d'Autriche, tante de Charles-Quint, et Louise de Savoie, mère de François Ier (1). Dans l'art. 20 de ce traité, il était dit que, « pour nourrir et « entretenir vraie et bonne amitié, communication et « intelligence entre les sujets, manans et habitans des « duchés, comtés, terres et seigneuries dudit seigneur, « empereur ès pays de par-deçà (2) et les sujets, ma- « nans et habitans dudit royaume de France; laquelle « se pourrait éloigner et discontinuer au moyen de

(1) V. sur ce traité, l'*Histoire de France* de M. Henri Martin (t. 8, p. 116 et suiv.).

(2) Des Pays-Bas.

« certain droit d'aubaine ou aubaineté dont l'on a ac-
« coutumé d'user en aucuns desdits duchés, etc.... »
il était désormais permis aux sujets de chacune des parties contractantes de succéder aux biens meubles et immeubles de leurs parents décédés dans les États de l'autre partie, « nonobstant et sans avoir égard audit droit
« et coutume d'aubaine ou aubaineté, laquelle lesdites
« dames, et chacune d'elles, en vertu de leur dit pouvoir
« pour le bien de la paix, abolissent et mettent à néant,
« par ledit traité, perpétuellement et à toujours... » etc.

Nous n'avons cité cette disposition qu'à titre d'exemple, et notre intention n'est pas de multiplier les citations ni de passer en revue les nombreux traités et conventions conclus ultérieurement, et surtout au siècle dernier entre la France et la plupart des États européens. Le grand nombre de ces traités rendait, aux derniers temps de l'ancienne monarchie, l'exercice du droit d'aubaine très-rare. Il n'en était pas moins vrai que, cette exemption résultant des traités, était plus ou moins restreinte selon les clauses de chacun d'eux; que plusieurs de ces traités consacraient le *droit de détraction* (droit proportionnel à la valeur de la succession, et payable au fisc par l'héritier qui voulait exporter les biens héréditaires) et que leur effet cessait en temps de guerre, sans pouvoir revivre de plein droit après la conclusion de la paix. De plus, ces traités n'étaient pas applicables aux colonies; c'est ce qui fut établi par deux lettres du ministre de la marine et des colonies, la première, en date du 4 janvier 1777, adressée aux conseils de Saint-Domingue; la seconde, en date du 25 juillet 1779, adressée au conseil du Cap.

« Plusieurs des puissances contractantes, est-il dit, « dans la première de ces lettres, ne possédant point « de colonies, n'offrent pas de réciprocité, et à l'égard « de celles qui en possèdent, les traités n'en font au- « cune mention, ce qui, en pareille matière, est une « véritable exclusion. »

A la chute de l'ancienne monarchie, l'état de la législation sur les étrangers présentait, on le voit, de notables améliorations, et l'on était déjà loin de ces temps où l'étranger était assimilé au serf ; mais la civilisation n'avait accompli qu'en partie son œuvre : il était réservé à cette glorieuse révolution, qui a été le point de départ de l'ère moderne, de l'achever. Les esprits étaient déjà préparés à cette destruction des parties vermoulues de l'ancien édifice social ; notamment en ce qui concerne le droit d'aubaine, ce droit que Bacquet rangeait autrefois parmi les « *plus beaux fleurons de la couronne* » Montesquieu en avait fait justice de sa plume éloquente. « Dans ces temps-là, » nous dit-il en parlant du commerce après l'invasion de l'empire romain par les barbares, « dans ces temps-là « s'établirent les droits *insensés* d'aubaine et de nau- « frage. Les hommes pensèrent que les étrangers, ne « leur étant unis par aucune communication du droit « civil, ils ne leur devaient d'un côté aucune sorte de « justice, et de l'autre aucune sorte de pitié (1). »

Ce droit, insensé au point de vue de l'humanité, ne l'était pas moins au point de vue des intérêts matériels et du développement du commerce avec les

(1) *Esprit des lois*, liv. 31, chap. 13.

étrangers. Il répugnait à ceux-ci de s'établir en France, d'y apporter leurs capitaux, de les placer dans des opérations commerciales ou industrielles et de contribuer ainsi à la prospérité de la France, puisqu'ils savaient qu'à leur mort leur fortune passerait au fisc et que leurs parents en seraient dépouillés. Les traités de la France avec leurs gouvernements respectifs ne pouvaient les rassurer que d'une manière insuffisante, puisqu'ils ne produisaient leurs effets que pendant la paix, et qu'une déclaration de guerre entre les pays contractants pouvait les mettre à néant.

Ces principes économiques, développés par de grands esprits déjà avant la révolution de 1789, ont dû contribuer pour beaucoup à l'abolition du droit d'aubaine par l'Assemblée constituante ; mais les motifs de la loi du 6 août 1790, décrétant cette abolition, sont uniquement puisés dans les principes de philanthropie et de fraternité universelle, dans ces vérités aussi vieilles que le monde, que la révolution française a eu la gloire de tirer de l'oubli et d'ériger en lois.

Voici les termes du décret :

« L'Assemblée nationale, considérant que le droit « d'aubaine est contraire aux principes de fraternité « qui doivent lier tous les hommes, quels que soient « leur pays et leur gouvernement ; que ce droit, établi « dans des temps barbares, doit être proscrit chez un « peuple qui a fondé sa constitution sur les droits de « l'homme et du citoyen, et que la France libre doit

« ouvrir son sein à tous les peuples de la terre, en les « invitant à jouir sous un gouvernement libre des « droits sacrés et inviolables de l'humanité, a décrété « et décrète ce qui suit : *le droit d'aubaine et celui de « détraction sont abolis pour toujours.* »

Le décret, malgré la généralité des termes de son préambule, laissait subsister un doute : n'avait-il voulu abolir que le droit du fisc sur la succession de l'aubain en déclarant celui-ci capable de transmettre, et en laissant subsister son incapacité de succéder, ou bien ces deux incapacités avaient-elles été également abolies ? Le sens plus ou moins large dans lequel l'expression *droit d'aubaine* était prise dans l'ancien droit était de nature à faire naître ce doute. Mais la question fut tranchée en faveur de l'interprétation la plus large par le décret du 8 avril 1791, dont l'art. 3 est ainsi conçu : « Les étrangers, quoique établis hors du « royaume, sont capables de recueillir en France les « successions de leurs parents, même Français ; ils « pourront de même recevoir et disposer par tous les « moyens qui seront autorisés par la loi. »

Quelques jours après ce décret, le 13 avril 1791, l'Assemblée décida que l'abolition du droit d'aubaine était applicable aux colonies françaises, même dans les deux Indes.

Nous retrouvons ces dispositions inscrites dans la constitution de 1791 (tit. 6) et dans celle de l'an III : on dirait que les auteurs de ces constitutions, dans le pressentiment d'un retour vers les errements de l'ancien droit, avaient voulu faire participer leur œuvre de l'inviolabilité de la constitution.

Vaine précaution ! Les constitutions, à cette époque, changeaient aussi facilement que les lois ; l'ancienne législation sur les aubains avait été trop longtemps enracinée pour manquer de défenseurs, même après la Révolution ; elle convenait trop à la situation qu'occupait alors la France en Europe pour qu'on n'essayât pas de la faire revivre, du moins en partie. C'est ce que firent les rédacteurs du Code Napoléon.

Nous verrons, en parlant de la législation actuelle, quelle est la portée de l'art. 11 de ce Code ; traçons pour le moment, en quelques mots, l'historique de sa rédaction.

Dans le projet primitif, publié en 1801, il était dit : « Les étrangers jouissent en France de tous les avan« tages du droit naturel, du droit des gens et du droit « civil proprement dit, sauf les modifications établies « par les lois politiques qui les concernent. » Cette rédaction consacrait, on le voit, le principe de la Constituante ; la section de législation du conseil d'État proposa d'y substituer la suivante : « L'étranger jouit « en France des mêmes droits civils que ceux accordés « aux Français par la nation à laquelle cet étranger « appartient. » Cette rédaction introduisait le principe de la réciprocité *législative*. La question fut renvoyée à une commission, et, après plusieurs changements successifs, on s'arrêta à la rédaction de l'art. 11 telle qu'elle se trouve dans le Code. Cet article consacre le principe de la réciprocité *diplomatique*. Les motifs qu'on mit en avant pour faire adopter ce système furent, que la France avait été dupe de sa générosité ; qu'aucune nation n'avait répondu au noble appel de l'Assemblée constituante; que, au contraire, la mesure de cette Assemblée avait arrêté la marche progressive de l'ancien droit vers l'abolition de l'aubaine; que les Français hors de leur pays étaient soumis au droit d'aubaine, quoique ce droit ne fût plus exercé en France, et qu'il convenait d'amener les autres peuples à abolir par intérêt ce qu'ils ne voulaient pas abolir par humanité.

M. Demangeat (1) critique avec raison cette manière de voir, à laquelle pourtant plusieurs bons esprits se sont associés (2). Nous ne pouvons mieux faire que de citer ses propres paroles : « Il est permis de douter, « dit-il, qu'un législateur vraiment digne de ce nom, « vraiment à la hauteur de sa mission et des devoirs « qu'elle impose, puisse jamais consacrer dans son Code « des dispositions qu'il reconnaît iniques et barbares, « cette consécration n'eût-elle réellement d'autre but « que d'engager les gouvernements étrangers à rompre « de plus en plus avec la barbarie, en ne faisant dépen- « dre que de leur bonne volonté et de leur libéralité, « relativement aux Français, l'adoucissement de la « condition de leurs propres sujets en France. »

Quoi qu'il en soit, un pas rétrograde fut fait, et les art. 726 et 912 furent plus tard votés; l'art. 726 était ainsi conçu :

« Un étranger n'est admis à succéder aux biens que « son parent, étranger ou Français, possède dans le

(1) P. 261.

(2) Notamment : M. Gaschon, *Code diplomatique des aubains*, 1re part., p. 158 et 159; M. Sapey, p. 161 et 162; M. Soloman, 1re part., p. 118 et suiv.; Marcadé, t. 1, n° 129.

« territoire de la République, que dans le cas et de la « manière dont un Français succède à son parent pos- « sédant des biens dans le pays de cet étranger, con- « formément aux dispositions de l'art. 11, au titre *De « la jouissance et de la privation des droits civils.* »

On le voit, l'incapacité prononcée contre l'étranger était celle de recueillir une succession : l'étranger continuait à pouvoir transmettre sa succession, mais seulement à ses parents français, ou capables de la recueillir en vertu de l'art. 13 ou d'un traité. Or, comme, le plus souvent, il n'avait que des parents étrangers, incapables de succéder, il arrivait que sa succession était dévolue à l'État, non plus par droit d'aubaine, mais par droit de déshérence.

« On ne saurait nier, dit M. Demolombe (1), qu'il « y avait une véritable contradiction et une sorte d'iro- « nie à déclarer, d'une part, que les étrangers étaient « capables de *transmettre*, et d'autre part, qu'ils étaient « incapables de succéder. »

L'art. 912 s'exprimait en ces termes :

« On ne pourra disposer au profit d'un étranger que « dans le cas où cet étranger pourrait disposer au « profit d'un Français. »

(1) *Successions*, 1, n° 192. Dans ce même numéro, M. Demolombe commet une erreur en disant, d'une manière absolue, que « le droit d'aubaine permet- « tait aux enfants légitimes, quoique étrangers, de succéder en France, à l'ex- « clusion du fisc. » Nous avons vu que cela ne leur était permis qu'autant qu'il y avait aussi des enfants français. M. Sapey (p. 163 à la note) commet une er- reur analogue en disant que le Code a été plus sévère que l'ancien droit, en n'admettant pas l'enfant légitime et né en France de l'aubain à la succession de son père ; le Code n'a été que conséquent avec lui-même : dans l'ancien droit, cet enfant était Français ; il est étranger sous le Code, sauf l'application de l'art. 9.

Cet article ne distinguait plus, comme on le faisait dans l'ancien droit, entre les donations entre-vifs d'un côté, les testaments et les donations à cause de mort de l'autre : l'étranger était déclaré par lui incapable de recevoir, même par donation entre-vifs, et en cela le Code était plus sévère que l'ancien droit. D'un autre côté il se montrait moins sévère, car, du moins à notre avis, il laissait intact le droit que l'étranger avait de disposer par donation ou testament. C'est ce qui nous semble résulter des termes de l'art. 912 combinés avec ceux des art. 544 et 902 (1) ; toutefois le contraire avait été soutenu, et, pour couper court à toute discussion, la loi du 14 juillet 1819 a accordé expressément le droit de *disposer* aux étrangers.

Nous venons de parler de la loi du 14 juillet 1819, qui a abrogé les art. 726 et 912 (2). Le législateur de 1819 n'a pas agi sous l'impulsion de motifs de philanthropie et de fraternité universelle, comme celui de 1790 et 1791 ; ses motifs ont été purement utilitaires, car il n'a eu d'autre but que celui d'attirer en France les capitaux et l'industrie des étrangers. « Ce « n'est pas par un mouvement de générosité que nous « voulons effacer les différences relatives aux succes- « sions et aux transmissions de biens, *c'est par cal- « cul.* » Telles ont été les paroles du ministre de la

(1) *Conf.* M. Demante, *Cours analytique du Code civil,* t. 1, n° 27 *bis,* 5 et 7. Ce même auteur se montre enclin à adopter l'opinion contraire dans le tome 4, n° 18 *bis*.

(2) La loi de 1819 a été étendue aux colonies françaises par une ordonnance royale du 21 nov. 1821, sauf l'ancienne réserve d'un édit de juin 1785, d'après lequel les étrangers héritiers ne peuvent exporter des colonies les objets servant à l'exploitation des habitations (M. Demolombe, *Successions*, t. 1, n° 212).

justice lui-même dans l'exposé des motifs de la nouvelle loi (1).

Cette loi est intitulée : *Loi relative à l'abolition du droit d'aubaine et de détraction.* Cet intitulé, quoi qu'on en ait dit, nous paraît exact. En effet, ainsi que nous l'avons vu, l'expression *droit d'aubaine*, dans son sens large, comprenait la double incapacité de l'aubain de transmettre et de recueillir une succession; or notre loi a eu précisément pour but d'abolir ce qui restait encore de cette incapacité (2). C'est elle qui a détruit les derniers vestiges de ce droit odieux et *insensé*, en vertu duquel une famille était dépouillée au profit du fisc, et, contrairement à toute notion d'équité, de la fortune acquise par un de ses membres; de ce droit en contradiction avec les mœurs hospitalières du peuple français. Aujourd'hui les étrangers reçoivent en France un noble et libéral accueil : ils peuvent y acquérir des biens, meubles et immeubles, et en disposer comme bon leur semble; leur exclusion des droits politiques dérive de la nature même des choses : elle est une condition essentielle de l'autonomie de l'État; car, ainsi que l'a dit Tite-Live, « *patriis auspiciis, non alie-* « *nigenis, rempublicam administrari oportere.* » Hors cette exclusion et certaines différences qui, en droit privé, les séparent des Français, ils sont traités avec la

(1) Séance du 4 mai 1819 à la chambre des pairs. — Seize siècles auparavant (212 de J.-C.) le *calcul* avait poussé Antonin Caracalla à octroyer le droit de cité romaine à tous les sujets de l'empire (loi 17, ff., 1, 4), afin de leur faire payer à tous l'impôt sur les successions.

(2) *Conf.* M. Demangeat, p. 280 à 282. Mais l'intitulé de la loi est inexact en ce qu'il parle aussi du *droit de détraction* qui n'avait pas été rétabli par le Code.

même faveur que ces derniers, et il est permis d'espérer que la marche progressive de la civilisation effacera bientôt les vestiges de l'ancien droit. Heureuses les nations qui peuvent s'appliquer ces nobles paroles que Périclès prononçait à la gloire d'Athènes (1) : « Notre ville est ouverte à tout le monde, et nous ne « défendons pas aux étrangers d'apprendre et de re- « garder, même les choses qui pourraient être utiles « à nos ennemis si elles leur étaient connues, con- « fiants plutôt dans notre courage pendant l'action « que dans les préparatifs et les stratagèmes. »

(1) Thucydide, liv. 2, chap. 39.

DEUXIÈME PARTIE.

LÉGISLATION ACTUELLE.

Arrivé à l'examen des pures questions de droit, questions dont la plupart sont d'une grande difficulté, nous croyons devoir adopter l'ordre suivant, qui nous paraît le plus propre à jeter quelque lumière sur cette matière, une des plus obscures qui existent en droit. Dans un premier chapitre, nous nous attacherons à déterminer les droits accordés aux étrangers et ceux qui leur sont refusés.

Dans un second chapitre, nous aurons à nous demander par quelles lois on doit réglementer les droits accordés aux étrangers.

Un troisième et dernier chapitre sera consacré à la

condition des étrangers au point de vue de l'administration de la justice, ou, en d'autres termes, aux questions de compétence.

Pour mieux faire comprendre cette division, prenons pour exemple le droit de tester. L'étranger aura-t-il le droit de disposer, par testament, de ses biens situés en France? Cette question rentre dans le premier chapitre de notre division.

Le droit de tester étant reconnu au profit de l'étranger, quel sera l'âge à partir duquel il pourra l'exercer, quelle sera la partie des biens dont il pourra ainsi disposer, dans quelles formes enfin devra-t-il tester? Les réponses à ces différentes questions se trouveront dans le deuxième chapitre.

Enfin, si le testament de l'étranger donne lieu à des contestations, quel sera le tribunal compétent pour les juger? Voilà le genre de questions auquel le troisième chapitre sera consacré.

CHAPITRE PREMIER.

DES DROITS ACCORDÉS AUX ÉTRANGERS.

L'art. 11 du Code Nap. contient, en ce qui concerne ces droits, une règle générale, dont l'interprétation a donné lieu aux plus vives controverses. Cet article est ainsi conçu :

« L'étranger jouira en France des mêmes droits « civils que ceux qui sont accordés aux Français par « les traités de la nation (1) à laquelle cet étranger « appartiendra. »

C'est cet article qui forme la base du système de la loi, et voici comment, selon nous, ce système peut être résumé :

L'étranger jouira en France de tous les droits privés.

Toutefois, il y a certains droits privés dont la jouissance n'appartient qu'aux Français et que la loi qualifie pour cette raison de *droits civils* (*quasi propria ipsius civitatis*).

Ces droits sont indiqués limitativement, soit dans le Code, soit dans les lois qui l'ont suivi.

Du reste, la jouissance de ces droits eux-mêmesap-

(1) Lisez : *conclus avec la nation.*

partiendra à l'étranger, si telle est la stipulation d'un traité passé entre son gouvernement et la France.

Il ne nous est pas permis d'ignorer que, en expliquant ainsi que nous venons de le faire l'art. 11, nous avons contre nous une grande partie des auteurs (1) et la jurisprudence; mais le système généralement adopté qui consiste à dire que les indications faites dans les différentes parties de la loi ne sont qu'énonciatives, et que par conséquent l'art. 11 doit être appliqué toutes les fois qu'il s'agit d'une création du droit positif, à moins d'une disposition contraire de la loi, ce système, disons-nous, est contraire non-seulement à la raison, mais encore à l'historique de la rédaction de l'art. 11.

Il est contraire à la raison, parce qu'il n'est pas probable que le législateur ait voulu laisser aux tribunaux le soin de tracer la ligne de démarcation entre les droits propres aux nationaux et les droits attribués même aux étrangers; se démettre ainsi de ses attributions de législateur entre les mains de la pratique, ce serait céder la place à l'arbitraire et à une incertitude déplorable; car quel est le point où l'on s'arrêterait, d'après quelle règle procéderait-on? « *Jus civile est*, dit Ulpien (2), *quod neque in totum a naturali vel gen-* « *tium recedit nec per omnia ei servit : itaque cum ali-* « *quid addimus vel detrahimus juri communi, jus pro-* « *prium, id est, civile efficimus.* » Appliquera-t-on cette

(1) V. notamment MM. Sapey, p. 161 et 162; Soloman, p 45 et suiv.; Demante, t. 1, n° 27; Marcadé, t. 1, n° 129; Ducaurroy, Bonnier et Roustain, t. 1, n° 55.

(2) L. 6, pr. ff., *De justitia et jure* (1, 1).

distinction? Mais ce serait nier à l'étranger tous les droits privés, car quel est le droit qui ne s'éloigne pas tant soit peu du *jus gentium vel naturale?* quel est le droit qui n'a pas été plus ou moins réglementé par le législateur moderne? Nous savons bien qu'on répondra à cet argument, en disant que le législateur accorde lui-même à l'étranger les principaux droits privés, qu'il lui permet de devenir propriétaire de biens situés en France, d'être créancier d'un Français, d'ester en justice, de se marier avec une Française, et que tout cela résulte implicitement des art. 3, 12, 14, 15, 16, 19 du Code Nap.; mais, n'est-ce pas là résoudre la question par la question? et qui nous prouve que ces articles ne se placent pas dans l'hypothèse de l'art. 11 et ne présupposent pas ainsi l'existence d'un traité? Les Romains eux-mêmes, à qui cette distinction entre le *jus civile* et le *jus gentium* a été si malheureusement empruntée dans l'ancien droit, les Romains eux-mêmes ne laissaient rien à l'arbitraire : ils avaient toujours soin d'indiquer dans quelle classe rentrait chacun des droits conservés par leur législation : *Adversus hostem æterna auctoritas esto* (1). — *Jus patriæ potestatis proprium est civium romanorum* (2). — *Justas nuptias inter se cives romani contrahunt* (3). —

(1) Loi des Douze-Tables (3, 6).

(2) Inst. Just., liv. 1, tit. 9, § 2; Gaïus, 1, § 55.

(3) Il fallait pour qu'il y eût *justæ nuptiæ*, outre la puberté, le consentement et l'absence d'un premier mariage, qu'il y eût de plus *connubium* entre les deux parties; le sens du mot *connubium* était relatif : on disait que *tel* homme avait le *connubium* avec *telle* femme; par conséquent, lorsque Ulpien définit le *connubium* « *uxoris jure ducendæ facultas*, » il donne une définition trop absolue (Ulp.Reg. 5, § 3). Le *connubium* n'existait pas entre les citoyens romains

Cum peregrino testamenti factio non est (1), etc., etc.

et les pérégrins ou même les Latins à moins de concession spéciale : « *Connubium habent cives romani cum civibus romanis; cum latinis autem et peregrinis, « ita si concessum sit.* » (Ulp. Reg. 5, § 4.—V. aussi Gaïus, 1, § 56.) Gaïus (1, § 57) nous fournit l'exemple d'une pareille concession : « *Veteranis quibusdam « concedi solet principalibus constitutionibus connubium cum his latinis peregrinisve « quas primas post missionem uxores duxerint ; et qui ex eo matrimonio nascuntur, « et cives romani et in potestate parentum fiunt.* » — Il semble toutefois résulter de plusieurs textes que le mariage *sine connubio* n'était pas destitué de tout effet et assimilé au concubinat ; ainsi Ulpien, dans la loi 13, § 1, ff., *ad legem Juliam de adulteriis* (48, 5), en parlant de l'accusation pour adultère, nous dit : « *Plane « sive justa uxor fuit, sive injusta, accusationem instituere vir poterit; nam et Sextus « Cæcilius ait, hæc lex ad* OMNIA *matrimonia pertinet.* » La loi 37, § 2, ff., *ad municipalem* (50, 1), parle également d'un *matrimonium non legitimum*. Voici enfin un texte de Papinien, se trouvant dans la *Collatio legum mosaïcarum et romanarum*, tit. 4, liv. 5 : « *Civis romanus, qui sine connubio sibi peregrinam in matrimonio habuit, jure quidem « mariti eam adulteram non postulat : sed ei non opponetur infamia, vel quod libertinus rem sestertiorum triginta millium, aut filium non habeat, propriam injuriam « persequenti.* » Il s'agit, on le voit, dans ce texte d'un citoyen qui a pris pour femme une pérégrine avec laquelle il n'avait pas le *connubium* ; le jurisconsulte suppose de plus que la femme a commis un *adultère* et cette supposition implique déjà l'existence d'une sorte de mariage ; en se plaçant dans cette hypothèse, Papinien nous dit que l'homme « *jure quidem mariti eam adulteram non postulat.* » Nous trouvons le sens de cette phrase dans la loi 14, § 2, ff., *ad legem Juliam de adulteriis* (48, 5) : l'adultère étant considéré comme une atteinte portée à l'ordre public, toute personne pouvait exercer des poursuites ; toutefois, pendant les soixante jours qui suivaient le divorce, il n'y avait que le mari et le père qui avait la fille sous sa puissance qui pouvaient intenter l'accusation : toute autre personne devait, pour pouvoir agir, attendre l'expiration de ce délai. Eh bien ! dans l'hypothèse prévue par Papinien, ce délai exclusif de l'action des tiers n'existe pas.

Notons que du temps de Justinien, tous les sujets de l'empire étant citoyens, les *justæ nuptiæ* ne sont plus prohibées qu'entre eux et les *barbares*, c'est-à-dire ceux qui n'étaient pas soumis à la domination de l'empereur; les prédécesseurs de Justinien étaient même allés jusqu'à punir de la peine de mort de pareils mariages. Sous Justinien ils étaient simplement *nuls*.

Une constitution de l'empereur Alexandre (an 230 de J.-C.) prévoit le cas où le mari vient à perdre le droit de cité (par la *media capitis deminutio*) ; l'empereur décide que le mariage subsistera « *si casus in quem maritus incidit, non « mutat uxoris adfectionem.* » (V. loi 1, Code, *De repudiis*, 5, 17). Mais le père n'aura plus la *patria potestas* sur les enfants.

(1) Ulp. Reg. 22, § 2. V. ce que nous avons dit plus haut sur ce point (p. 15, la note 2).

Et d'ailleurs si l'intention des rédacteurs a été de laisser à la jurisprudence le soin de discerner les droits civils des droits naturels, pourquoi se seraient-ils donné la peine d'indiquer spécialement certains droits comme n'appartenant pas aux étrangers? Quelle sera notamment l'utilité des art. 726 et 912 (1)? Aucune, puisque même sans eux on ne manquerait pas d'appliquer aux étrangers qui prétendraient à une succession testamentaire ou *ab intestat* la règle de l'art. 11. Ceux qui soutiennent que ces articles n'étaient qu'énonciatifs devaient, pour être conséquents, déclarer les étrangers incapables, non-seulement de recueillir par succession ou testament, mais encore de transmettre par l'un de ces modes, puisque cette dernière faculté était considérée anciennement comme *juris civilis*, et que l'art. 11 avait, en posant une règle générale, abrogé le décret du 6 août 1790, aussi bien que celui du 8 avril 1791 (2), or personne, même avant la loi de 1819, n'avait osé aller jusque-là (3) et violer aussi ouvertement l'argument *a contrario* qui résulte avec une grande évidence des textes précités; la loi de 1819, en ne conférant à l'étranger que le droit de *succéder*, suppose implicitement qu'il avait déjà celui de transmettre par succession; il est vrai que cette loi lui accorde le droit de *disposer*, ce qui semblerait prouver qu'il ne l'avait pas sous le Code; mais nous avons déjà

(1) Nous n'avons pas besoin d'observer que nous argumentons ici en faisant abstraction de la loi du 14 juill. 1819.

(2) Dans notre système, qu'on admette ou non que l'art. 11 a abrogé le décret de 1790, le résultat sera le même, par suite du silence de la loi sur la transmission de la succession.

(3) Du moins quant à la transmission *ab intestat*.

vu que le but de la loi, en parlant expressément du droit de disposer, a été de couper court aux discussions qui s'étaient élevées relativement à ce droit.

Du reste, l'historique même de la rédaction de l'art. 11 vient à l'appui du système que nous soutenons. Nous avons déjà vu par quelles vicissitudes cet article a passé : en présence de la rédaction nouvelle et telle que nous la trouvons dans le Code, le tribunat insista pour que l'on fît une énumération limitative des droits qui n'appartiendraient pas aux étrangers; mais cette demande fut écartée sur le motif suivant, donné par M. Grenier (1) : « On objecte que la loi ne détermine « pas assez quels sont les droits civils ; mais il y a une « détermination exacte. Les droits dont les étrangers « seront privés seront marqués dans les titres du Code « qui y auront trait. On ne les oubliera certainement « pas lorsqu'il sera question de la faculté de tester, de « la capacité de recevoir par testament, de succé- « der, etc. Mais dans un titre où il s'agit seulement « de la jouissance des droits civils, cette énumération « n'est pas nécessaire. »

Cela nous paraît décisif (2). — Une fois la règle générale ainsi posée, nous pourrions nous borner à énumérer les droits que le législateur a refusés aux étrangers; nous aimons mieux, afin de rendre notre théorie plus claire, passer en revue les principaux

(1) V. Fenet, t. 7, p. 240.

(2) Le système que nous venons d'exposer est soutenu par MM. Demangeat, p. 251 à 260, et Mourlon, *Répétitions écrites sur le code Napoléon*, t. 1, sur l'art. 11. — Il est également admis par M. Beudant (V. sa thèse pour le doctorat, 2e position de droit civil français).

droits privés et nous demander quels sont ceux qui appartiennent aux étrangers. Nous suivrons à cet effet, autant que possible, l'ordre du Code.

I. *Mariage. Droits qui s'y rattachent.* — L'étranger a parfaitement le droit de contracter mariage avec une personne française, soit en France, soit en pays étranger, et ce mariage produira les effets des art. 12 et 19, 1er al. du Code Napoléon.

Les droits de puissance maritale et de puissance paternelle, qui découlent du mariage, seront également accordés aux étrangers.

L'étranger aura aussi le droit de reconnaître ou de légitimer un enfant naturel, si sa loi personnelle ne le défend pas.

II. *Adoption.* — Il est hors de doute que le contrat d'adoption, intervenu entre deux étrangers, conformément à leur statut personnel, est valable. Mais le contrat d'adoption peut-il avoir lieu entre un Français et un étranger? Dans notre système, l'affirmative nous paraît incontestable (1); car aucun texte ne range l'adoption parmi les droits dont les étrangers sont déclarés incapables. Toutefois, dans le système contraire on insiste, et l'on dit (2) que l'adoption est éminemment de droit civil, et qu'elle était considérée comme telle en droit

(1) Il faut, bien entendu, que l'adoption soit permise par la loi personnelle de l'étranger, car l'état d'un homme ne peut être modifié que conformément à sa loi personnelle (M. Demangeat sur Fœlix, 1, p. 87, la note *a*, *in fine*).

(2) MM. Marcadé, t. 2, n° 96; Demante, t. 2, n° 80 *bis*, 2; Soloman, 2e part., p. 53 à 56; C. cass. 5 août 1823; 22 nov. 1825; 7 juin 1826. — M. Fœlix paraît admettre ce système, car il dit (*Droit international privé*, 1, p. 86) que « l'adoption d'un étranger par un Français ne saurait sortir aucun « effet. »

romain. Nous avons déjà démontré le danger qu'il y a à suivre les principes romains en cette matière ; l'erreur qu'on commet en empruntant à un peuple païen(1) et conquérant des règles qui n'ont plus leur raison d'être. Oui, à Rome, l'adoption était de droit civil, et un pérégrin ne pouvait pas y figurer ; mais pourquoi ? En ce qui concerne l'adrogation, la raison est évidente : l'adrogation se faisait *populi auctoritate* ; l'adrogeant et l'adrogé devaient se présenter devant les comices par curie, et déclarer s'ils consentaient à l'adrogation (2) : or, les citoyens seuls pouvant prendre part aux comices, on voit le motif pour lequel ce mode d'adoption n'était pas applicable aux pérégrins (3). Quant à l'adoption proprement dite, elle n'était pas non plus permise aux pérégrins, parce que, à l'origine, elle s'accomplissait au moyen d'une ou plusieurs mancipations

(1) Ainsi, par exemple, l'adrogation était une affaire éminemment religieuse (elle perpétuait les *sacra privata*), et Aulu-Gelle nous dit (*Nuits att.*, liv. 5, chap. 19) qu'elle devait d'abord être soumise aux pontifes.

(2) Gaïus, 1, §§ 99 et 100; Ulp. Reg., 8, § 4.—Même après que les comices par curie eussent cessé de faire des lois (sous Servius Tullius) ils continuaient à se réunir pour approuver les adrogations ; ce n'est qu'à la fin de la république que, leur réunion devenant impossible, on a été obligé de faire représenter les 30 curies par 30 licteurs. Plus tard, probablement à partir de Dioclétien (lois 2, *in fine*, et 6, au Code *De adoptionibus*, 8, 48), le droit de sanctionner l'adrogation a été attribué à l'empereur (Inst. Just., § 1, liv. 1, tit. 11).

(3) Il ne l'était pas non plus en droit classique aux femmes et aux impubères, car ces personnes n'avaient pas la *communio comitiorum* (Gaïus, 1, §§ 101 et 102; Reg. Ulp., 8, § 5; Aulu-Gelle, *N. A.*, liv. 5, ch. 19). Aussi, lorsque l'adrogation commença à pouvoir être faite par rescrit impérial, elle devint possible pour les femmes (L. 8, *in fine*, Code, *De adoptionibus*, 8, 48), et nous pouvons noter à cet égard que le texte de Gaïus contenu dans la loi 21, ff., *De adoptionibus* (1, 7), a été évidemment dénaturé par les compilateurs. — Quant aux impubères, leur adrogation fut permise, sous certaines conditions, par Antonin le Pieux (Gaïus, 1, § 102; Inst. Just., liv. 1, tit. 11, § 3).

et d'une *in jure cessio*, actes éminemment civils et dans lesquels les pérégrins ne pouvaient pas figurer (1). D'ailleurs, et cette raison est commune aux deux modes d'adoption, les deux principaux effets de l'adoption, la *patria potestas* et le *jus agnationis* (2), étant de pur droit civil, ne pouvaient pas naître entre un citoyen et un pérégrin (3). Aujourd'hui aucune de ces raisons n'existe ; on admet parfaitement que les relations juridiques entre un père et le fils issu de son mariage continuent d'exister, lors même que l'un d'eux cesserait d'être Français; pourquoi ne pas admettre que l'adoption, dont le but est de créer des relations analogues, est possible entre un Français et un étranger? Ira-t-on jusqu'à dire que le changement de nationalité de l'adoptant ou de l'adopté rompra le contrat d'adoption intervenu entre eux?

D'ailleurs, nous revenons à notre principe et nous disons : La loi qui, dans les art. 343 à 346 et dans l'art. 355-2°, donne l'énumération des conditions exigées pour l'adoption, ne parle point de la nationalité des parties contractantes; son esprit est, par conséquent, qu'on applique ici le droit commun. D'après le droit commun, l'étranger a la jouissance de tous les droits privés; donc il a le droit, soit d'adopter un Français, soit d'être adopté par lui (4).

(1) Gaïus, 1, §§ 134 et suiv.; 2, §§ 18 et suiv.; Aulu-Gelle, liv. 5, ch. 19; Ulp. Reg., 19 §, 4.

(2) Gaïus, 1, § 107; Inst. de Justin., liv. 1, tit. 11, § 11.

(3) De même, nous voyons que les femmes ne pouvaient pas adopter, parce qu'elles ne pouvaient pas avoir la puissance paternelle (Gaïus, 1, § 104; Inst. de Justin., liv. 1, tit. 11, § 10; l. 5, C., *De adopt.*, 8, 48).

(4) *Conf.* M. Demangeat, p. 362 à 364 ; le même, sur Fœlix, t. 1, p. 87, la note *a*.

III. *Tutelle.* — Ici, de même que pour l'adoption, nous déciderons qu'un Français peut être tuteur d'un étranger et que, à l'inverse, un étranger peut être tuteur d'un Français.

Le premier point n'est pas contesté : ainsi, en supposant qu'une femme française, après avoir épousé un étranger et en avoir eu un enfant, devient veuve et recouvre la qualité de Française, conformément à l'art. 19, on admet sans difficulté qu'elle sera tutrice de son enfant étranger ; de même on admet que si un étranger mineur se trouve en France sans parents, un tuteur français pourra lui être donné (1).

Quant à notre seconde proposition, on a nié qu'un étranger puisse être tuteur d'un Français (2). On a tiré un premier argument du droit romain et des mots : *jure civili data ac permissa* qui se trouvent dans la définition que Paul, d'après Servius, donne de la tutelle (3) ; mais ces mots signifient tout simplement que la tutelle a été organisée par des lois, par des sénatus-consultes, par l'usage (4) et non par les préteurs ; quant à son principe, au contraire, la tutelle des impubères était considérée comme de droit naturel, « *quia* « *id naturali rationi conveniens est, ut is qui perfectæ* « *ætatis non sit, alterius tutela regatur* (5) ; » si la tu-

(1) M. Soloman, 2e part., p. 51.

(2) M. Soloman, 2e part., p. 52.

(3) L. 1, pr., ff., *De tutelis* (26, 1); Inst., liv. 2, tit. 13, § 1.

(4 Ulp. Reg., 11, § 2. Ainsi on peut dire notamment que la tutelle *légitime* était *jure civili data*, parce qu'elle était attribuée à certaines personnes par la loi elle-même (Ulp. Reg., 11, § 3; Gaïus, 1, § 155), et que la tutelle *testamentaire* était *jure civili permissa* parce que la loi des Douze Tables sanctionnait la disposition du testateur.

(5) Gaïus, 1, § 189; Inst., 1, tit. 20, § 6. La tutelle des femmes, au con-

telle telle qu'elle avait été organisée par le *jus civile* romain n'était possible qu'entre citoyens, cela tenait à des raisons qui ne peuvent pas être reproduites aujourd'hui. En effet, un étranger ne pouvait pas être nommé tuteur par testament, parce qu'il n'avait pas la *factio testamenti* : « *Testamento tutores hi dari possunt* « *cum quibus testamenti factio est* (1). » Il ne pouvait pas d'un autre côté être appelé à la tutelle comme agnat, puisque le *jus agnationis* n'existait pas entre citoyens et pérégrins. Ces raisons n'existent plus aujourd'hui. On objecte encore, dans le système que nous combattons, que les art. 430 et 432 du C. Nap. qualifient les tuteurs de *citoyens;* mais cet argument ne nous touche guère : il résulte en effet des art. 390 et 442-1° que la tutelle peut quelquefois appartenir à une femme ou à un mineur. A ces questions de mots nous opposerons des considérations tirées de l'intérêt même des personnes qu'il s'agit de soumettre à la tutelle. Prenons deux exemples : 1° Une femme étrangère s'est mariée à un Français, et en a eu un enfant ; pendant la minorité de ce dernier, les père et mère viennent à mourir ; l'enfant n'a aucun parent du côté paternel, tandis qu'il a un oncle maternel résidant en France :

traire, était une pure création du droit civil, car, ainsi que le dit Gaïus (1, § 190), « *feminas perfectæ ætatis in tutela esse, fere nulla pretiosa ratio suasisse videtur.* »

(1) L. 21, ff., *De testam. tutela* (26, 2). — Pour cette même raison, le testateur ne pouvait pas nommer tuteur une personne incertaine (Gaïus, 2, § 240). Les Latins Juniens eux avaient la *factio testamenti*, mais la loi Junia Norbana leur enlevait formellement le droit d'être nommés tuteurs (Reg. Ulp., 11, § 16). — La femme avait la *factio testamenti*, mais ne pouvait pas en principe, à raison de son sexe, être nommée tutrice, « *quia id munus masculorum est* » (L. 18, ff., *De tutelis*, 26, 1).

refusera-t-on à cet oncle, sous le prétexte qu'il est étranger, la tutelle d'un neveu qu'il affectionne, au bien-être et à la prospérité duquel il tient plus que tout autre, pour la confier à un Français qui n'y apportera probablement pas les mêmes soins? 2° Un enfant né en France d'un étranger est interdit après avoir usé de la faculté de l'art. 9; refusera-t-on la tutelle à son père? Mais depuis quand l'intérêt du mineur a-t-il donc cessé d'être le premier en ligne?

Un système qui mène à des résultats pareils devrait, pour pouvoir être admis, s'appuyer sur des textes formels, et l'on n'en produit aucun; bien au contraire: le Code qui, dans une section spéciale, énumère les causes qui rendent incapable d'être tuteur ne parle pas de l'extranéité: nous déciderons par conséquent que l'étranger pourra être tuteur d'un Français si, bien entendu, l'intérêt de celui-ci l'exige (1).

IV. *Droit de propriété.* — L'étranger peut être en France propriétaire de biens meubles ou immeubles. Cela est admis par tout le monde. Le législateur lui-même a cru devoir s'exprimer sur certains droits qui, ayant été créés par lui, ont quelque chose d'arbitraire et à propos desquels il aurait pu y avoir doute, sur le point de savoir s'ils pouvaient appartenir aux étrangers. Ainsi:

1° Par une dérogation au principe que « *la propriété « du sol emporte la propriété du dessus et du dessous* » et que par conséquent le propriétaire « peut faire au« dessous toutes les constructions et fouilles qu'il ju-

(1) *Conf.* M. Demangeat, p. 364 à 366.

« gera à propos et tirer de ces fouilles tous les pro« duits qu'elles peuvent fournir » (art. 552 C. N), la loi du 21 avril 1810 (1) décide, que le gouvernement peut concéder la mine à un autre que le propriétaire de la surface, sauf une redevance qui sera payée à ce dernier par le concessionnaire; elle fait du droit du concessionnaire un véritable droit de propriété immobilière, perpétuelle, disponible et transmissible (art. 5 à 8). Il y a là, on le voit, une création de la loi positive ; aussi le législateur a-t-il jugé utile de dire, dans l'art. 13, que « tout étranger naturalisé ou non en « France, agissant isolément ou en société, a le droit « de demander et peut obtenir, s'il y a lieu, une con« cession de mines. »

2° Si d'un côté on ne peut pas nier à l'auteur d'un ouvrage le droit d'en retirer un certain profit, il est, d'un autre côté, incontestable que la société acquiert, par la publication d'une œuvre, le droit d'en conserver l'usage. Le moyen de concilier ces deux intérêts a donné lieu à de vives discussions qu'il n'est pas de notre sujet de reproduire ici.

La législation actuelle consiste à accorder à l'auteur ou à ses héritiers un monopole temporaire d'une durée plus ou moins longue, suivant les cas (2). Ce monopole, qu'on qualifie de *droit de propriété* (littéraire ou artistique), a également quelque chose d'arbitraire

(1) Loi concernant les mines, les minières et les carrières.

(2) Le droit de l'auteur ou de sa veuve est viager; celui des enfants dure trente ans; celui des autres héritiers ne dure que dix ans (lois du 13-19 janv. 1791, du 19-24 juill. 1793, du 25 prair. an 3; décrets du 1er germ. an 13, du 7 germ. an 13, du 5 fév. 1810, art. 39 et 40; loi du 3 août 1844; décret du 28 mars 1852; loi du 8 avr. 1854; art. 425 à 450 c. pén.).

qui fait que le législateur a cru devoir s'expliquer formellement en ce qui concerne les étrangers : c'est ce qu'il a fait d'abord pour les ouvrages publiés par des étrangers en France : « Les auteurs, » dit l'art. 40 du décret du 5 février 1810 (1), « soit nationaux, *soit* « *étrangers*, peuvent céder leur droit à un imprimeur « ou libraire, ou à toute autre personne, qui est alors « substituée en leur lieu et place, pour eux et leurs « ayants cause. »

Mais, en ce qui concerne les ouvrages publiés à l'étranger, les auteurs n'étaient pas protégés en France, jusqu'au décret du 28 mars 1852 (2), qui est venu remédier à cet état des choses. Voici le texte de ce décret :

« Art. 1er. — La contrefaçon, sur le territoire fran« çais, d'ouvrages publiés à l'étranger et mentionnés « en l'art. 425 du Code pénal, constitue un délit. »

« Art. 2. — Il en est de même du débit, de l'expor« tation et de l'expédition des ouvrages contrefaits. « L'exportation et l'expédition de ces ouvrages sont un « délit de la même espèce que l'introduction sur le ter« ritoire français d'ouvrages qui, après avoir été im« primés en France, ont été contrefaits chez l'é« tranger. »

« Art. 3. — Les délits prévus par les articles pré« cédents seront reprimés conformément aux art. 427 « et 429 du Code pénal. L'art. 463 du même Code « pourra être appliqué. »

(1) Décret contenant règlement sur l'imprimerie et la librairie.

(2) Décret relatif à la contrefaçon des ouvrages étrangers.

« Art. 4. — Néanmoins, la poursuite ne sera admise « que sous l'accomplissement des conditions exigées « relativement aux ouvrages publiés en France, no- « tamment par l'art. 6 de la loi du 19 juillet 1793 (1). »

Ce décret a eu pour but de faire respecter en France le droit que l'auteur de l'ouvrage publié à l'étranger a dans le pays de la publication; d'où nous pouvons conclure : 1° que si, l'auteur ne s'étant pas conformé à la loi étrangère pour la conservation de son droit dans son pays, l'ouvrage y est tombé dans le domaine public, il en sera de même en France; 2° que, lorsque la durée du droit est plus courte dans le pays de l'auteur qu'en France, il ne conservera son droit en France que pendant la durée fixée par la loi de son pays. Mais si, à l'inverse, le droit de propriété a une durée plus longue dans son pays qu'en France, il ne pourra pas réclamer en France une durée plus longue que celle fixée par la loi française : l'intention du législateur n'a pas pu être, en effet, d'accorder à l'étranger un droit plus étendu que celui qui existe au profit du Français lui-même (2).

3° De même que l'auteur d'un ouvrage a le droit d'en retirer un certain profit, de même il est juste que l'inventeur, dans un genre quelconque d'industrie, puisse profiter de sa découverte. Mais ici, comme en

(1) Dépôt à la bibliothèque impériale. — La Cour de Paris a jugé (arrêt du 8 déc. 1855) que ce décret est applicable aux ouvrages publiés pour la première fois à l'étranger et reproduits en France antérieurement à sa promulgation, et qu'ainsi l'éditeur français ne peut plus en faire une nouvelle édition ou même un nouveau tirage; il peut seulement vendre l'édition antérieure au décret.

(2) Ces solutions sont enseignées par M. Vuatrin à son Cours de droit administratif.

matière de productions littéraires ou artistiques, on ne peut pas nier que la société ait le droit de profiter des inventions publiées. Divers systèmes ont été proposés pour la conciliation de ces deux droits, mais c'est celui du monopole temporaire au profit de l'inventeur qui l'a emporté (1). Ce droit exclusif d'exploitation est constaté par des titres délivrés, sans examen préalable, par le gouvernement, sous le nom de *brevets d'invention* (art. 1er et 11 de la loi). Pour les mêmes raisons que celles que nous avons exposées à propos des mines et de la propriété littéraire, le législateur a cru devoir s'expliquer également ici sur les droits des étrangers, et c'est ce qu'il a fait dans trois articles de la loi du 5 juillet 1844 :

« Art. 27. — Les étrangers pourront obtenir en « France des brevets d'invention. »

« Art. 28. — Les formalités et conditions détermi- « nées par la présente loi seront applicables aux bre- « vets demandés ou délivrés en exécution de l'article « précédent. »

L'étranger est donc assimilé au Français ; nous devons toutefois noter ici une différence qui résulte entre eux de l'art. 47 de la loi : Lorsqu'un breveté français requiert la saisie préalable des objets contrefaits, l'ordonnance du président qui autorisera cette saisie « *pourra* imposer au requérant un cautionnement qu'il « sera tenu de consigner avant d'y faire procéder. » Au contraire, « le cautionnement *sera toujours* imposé à « l'étranger breveté qui requerra la saisie. »

(1) Loi du 5 juill. 1844 : la durée du monopole peut être de cinq, dix ou quinze années (art. 4 de la loi).

L'art. 29 de la loi de 1844 est ainsi conçu : « L'au-« teur d'une invention ou découverte déjà brevetée à « l'étranger pourra obtenir un brevet en France. Mais « la durée de ce brevet ne pourra excéder celle des « brevets antérieurement pris à l'étranger (1). »

Nous pouvons rattacher ici ce qui concerne les *marques de fabrique*, c'est-à-dire les emblèmes et tous signes servant à distinguer les produits d'une fabrique ou les objets d'un commerce. Cette matière est actuellement réglée par une loi du 23-27 juin 1857 (2), d'après laquelle la propriété exclusive d'une marque est acquise moyennant un dépôt du modèle au greffe du tribunal de commerce (art. 2 et 3). Les art. 5 et 6 de cette loi sont ainsi conçus :

« Art. 5. Les étrangers qui possèdent en France des « établissements d'industrie ou de commerce jouissent, « pour les produits de leurs établissements, du béné-« fice de la présente loi, en remplissant les formalités « qu'elle prescrit. »

« Art. 6. Les étrangers et les Français dont les éta-« blissements sont situés hors de France jouissent éga-« lement du bénéfice de la présente loi, pour les pro-« duits de ces établissements, si, dans les pays où ils

(1) La loi du 7 janv. 1791 (art. 3) accordait des *brevets d'importation* à quiconque apportait le premier en France une découverte étrangère ; au contraire, dans l'art. 29 de la loi de 1844, il s'agit, non pas de celui qui a simplement importé, mais de l'inventeur qui a obtenu un brevet à l'étranger. Notons sur ce dernier article, qu'il n'exige aucune condition de réciprocité, et que M. Fœlix commet une erreur en disant le contraire (*Dr. intern.*, t. 2, p. 317, note 1) ; cette erreur est, du reste, relevée par M. Demangeat (sur Fœlix, *loc. cit.*, la note *a*).

(2) Loi sur les marques de fabrique et de commerce.

« sont situés, des conventions diplomatiques ont établi « la réciprocité pour les marques françaises. Dans « ce cas, le dépôt des marques étrangères a lieu au « greffe du tribunal de commerce du département de « la Seine. »

Voilà un cas d'application du principe de réciprocité contenu dans l'art. 11 du Code Napoléon.

V. *Servitudes.* — L'étranger étant capable d'avoir la propriété peut également jouir des servitudes, qui n'en sont que des démembrements. Ce point ne souffre aucune difficulté. A l'inverse, nul doute que l'étranger ne puisse avoir une propriété grevée d'une servitude quelconque.

VI. *Successions. Testaments. Donations.* — Nous avons vu quelle était, sous le Code, la condition des étrangers à cet égard, et que, pouvant transmettre par succession, donation ou testament, ils ne pouvaient recueillir par aucun de ces modes, à moins de stipulations expresses contenues dans des traités passés avec leurs gouvernements respectifs. Nous avons vu également que la loi du 14 juillet 1819 est venue supprimer ce vestige de l'ancien droit.

L'art. 1er de cette loi est ainsi conçu : « Les art. 726 « et 912 du Code civil sont abrogés : en conséquence, « les étrangers auront le droit de succéder, de *dispo-* « *ser* (1) et de recevoir de la même manière que les « Français, dans toute l'étendue du royaume. »

Cette loi supprime la seule incapacité dont les

(1) Nous avons expliqué plus haut la présence de ces mots dans le texte de la loi.

étrangers étaient frappés, et les rend ainsi capables : 1° de succéder aux biens laissés en France par leurs parents français ou étrangers; 2° de recevoir, même d'un Français, une donation ou un legs.

Ainsi aujourd'hui l'étranger peut transmettre ou recueillir en France par succession, donation ou legs. Ce droit, il le tient de la loi : ce n'est donc plus un droit précaire comme celui qui résultait d'un traité, c'est un droit auquel même une déclaration de guerre entre la France et son pays ne peut porter atteinte. D'un autre côté, ce droit est attribué à l'étranger d'une manière absolue et sans aucune condition de réciprocité (1).

Nous verrons toutefois, en expliquant l'art. 2 de la loi de 1819, dans le chapitre suivant, que, dans le cas de partage d'une succession entre des cohéritiers étrangers et français, le législateur prescrit une certaine mesure afin de sauvegarder l'intérêt de ces derniers.

VII. *Obligations.* — Il est hors de doute que la loi française reconnaît à l'étranger le droit d'être créancier ou débiteur d'un Français, en vertu soit d'un contrat ou d'un quasi-contrat, soit d'un délit ou d'un quasi-délit. L'étranger peut avoir des actions ou intérêts dans les compagnies de finance, de commerce et d'industrie; la loi du 16 janvier 1808 (2) en disant, dans son art. 3, que « les actions de la Banque peuvent être acquises par « des étrangers, » a voulu prévenir un doute qui aurait pu naître du caractère particulier de cette institution,

(1) *Conf.* MM. Demolombe, *Succes.*, t. 1, nos 194 et 195; Demangeat, p. 283 et 284.

(2) Loi qui arrête définitivement les statuts de la Banque de France.

qui, d'un côté, est dirigée par un gouverneur nommé par le chef de l'État (1), et d'un autre côté, jouit de certains priviléges, notamment du privilége exclusif d'émettre des billets de banque (2).

Les obligations contractées activement ou passivement par l'étranger peuvent être garanties par une caution ou un nantissement; lorsqu'il s'agira d'une de ces créances auxquelles la législation française attribue un privilége, ce privilége aura lieu même au profit du créancier étranger, pourvu qu'il ait rempli les conditions exigées par la loi, et si, bien entendu, la créance reçoit exécution en France. C'est en effet eu égard à la qualité de la créance et non pas à celle du créancier que la loi accorde le privilége: si donc l'exécution d'une de ces créances, que la loi juge dignes d'une faveur spéciale, est poursuivie en France, le privilége sera valablement invoqué, même dans le cas où cette créance aurait pris naissance en pays étranger; et qu'on ne dise pas que, dans ce cas, les parties ne pouvaient pas, en contractant, s'attendre à une créance privilégiée, car c'est dans la loi et non pas dans la volonté expresse ou tacite des parties que les priviléges ont leur source (3).

L'étranger peut, pour la sûreté de sa créance, stipuler de son débiteur ou d'un tiers une hypothèque sur un immeuble situé en France; il peut, à l'inverse, grever l'immeuble qu'il a en France d'une hypothèque pour la sûreté de son obligation ou de celle d'un tiers.

(1) Loi du 22 avril 1806, art. 12.

(2) Loi du 24 germinal an XI, art. 1.

(3) MM. Demangeat, p. 354 à 356; Soloman, 2e part., p. 61.

Ces principes en eux-mêmes ne souffrent aucune difficulté ; au contraire, en ce qui concerne les faits générateurs de l'hypothèque, nous aurons plus tard à résoudre plusieurs questions importantes.

Parmi les sûretés organisées par le Code en vue de l'exécution des obligations, la *contrainte par corps* mérite ici un examen spécial, quant à celles de ses règles qui concernent les étrangers. La contrainte par corps est une voie d'exécution consistant dans l'emprisonnement du débiteur, pour le forcer de payer ce qu'il doit.

On conçoit ce qu'il y a de grave à s'attaquer ainsi à la liberté individuelle : aussi la contrainte par corps a-t-elle de tout temps soulevé les plus vives réclamations, et il est permis d'espérer que la lumière se fera et qu'un jour viendra où cette voie inhumaine d'exécution ne figurera plus dans les lois des nations civilisées.

En France, la législation sur la contrainte par corps a subi plusieurs variations (1); la loi actuellement en vigueur est celle du 17 avril 1832, et cette loi établit des différences importantes entre l'étranger et le Français, différences qui, nous pouvons le dire dès à présent, n'ont trait qu'aux étrangers hommes; quant aux étrangères (filles, femmes ou veuves), elles sont assimilées aux Françaises : par conséquent la contrainte par corps n'a lieu contre elles que si elles sont commerçantes ou, en toute matière, lorsqu'elles sont coupables de stellionat (art. 2 et 18 de la loi; art. 2066 Code Nap.).

(1) V. plus haut, p. 11 et 12.

Le législateur français part de cette considération que l'étranger, qui n'a pas, pour ainsi dire, de racine en France, pourrait se soustraire facilement aux poursuites de ses créanciers, pour prescrire contre lui des mesures d'une grande rigueur. La loi de 1832 contient à cet égard un titre spécial, le titre 3, intitulé : « Dispositions relatives à la contrainte par corps contre les étrangers. » L'art. 14, qui se trouve en tête de ce titre, est ainsi conçu : « Tout jugement qui interviendra au profit d'un Français contre un étranger non domicilié en France, « emportera la contrainte par corps, à moins que la « somme principale de la condamnation ne soit inférieure à cent cinquante francs, sans distinction entre « les dettes civiles et les dettes commerciales. »

Cet article consacre plusieurs différences entre l'étranger et le Français : 1° En matière civile, la contrainte par corps n'est admise contre le Français qu'exceptionnellement, dans les cas rigoureusement prévus par la loi (art. 2063 C. Nap.). Au contraire, la contrainte par corps a lieu contre l'étranger pour toute dette (contractée envers un Français), sans qu'il y ait à distinguer si cette dette est civile ou commerciale. 2° La somme pour laquelle la contrainte par corps peut être exercée contre un Français est de 300 fr. (tant en principal qu'en intérêts) en matière civile (art. 2065 C. Nap. ; 126-1° C. pr.), de 200 fr. en principal en matière commerciale (art. 1er de la loi du 17 avril 1832) ; au contraire, une dette de 150 fr. en principal suffit, tant en matière civile qu'en matière commerciale, pour l'exercice de la contrainte par corps contre l'étranger. 3° En matière civile, la contrainte par corps ne peut être exercée contre le Français qu'en vertu d'un jugement qui la prononce sur les conclusions du créancier (art. 2067); au contraire, tout jugement de condamnation rendu contre l'étranger au profit d'un Français, emporte de lui-même contrainte par corps, sans la prononcer expressément (1).

Mais il faut un jugement, et un jugement, lors même qu'il s'agirait d'une matière sommaire, ne s'obtient pas en un jour : or il était à craindre que l'étranger, averti, ne quittât dans l'intervalle la France et ne rendît ainsi toutes poursuites contre lui presque illusoires. L'art. 15 de la loi a pour but de protéger, contre cet événement, les créanciers français. Le premier alinéa de cet article est ainsi conçu : « Avant le jugement de condamnation, mais après « l'échéance ou l'exigibilité de la dette, le président « du tribunal de première instance, dans l'arrondis- « sement duquel se trouvera l'étranger non domicilié, « pourra, s'il y a de suffisants motifs, ordonner son « arrestation provisoire, sur la requête du créancier « français. » Nous n'avons pas besoin d'observer que cette arrestation ne pourra pas être autorisée pour une somme inférieure à 150 fr., puisque la contrainte par corps ne peut avoir lieu que pour une dette supérieure à cette somme (2).

L'urgence requise pour cette arrestation provisoire explique pourquoi la loi se contente d'une simple or-

(1) Soloman, 2e part., p. 92.
(2) Fœlix, t. 1, n° 255.

donnance du président du tribunal d'arrondissement. Et de ce que l'arrestation peut être ordonnée avant qu'il y ait jugement, il résulte que la signification et le commandement dont parle l'art. 780 Cod. proc., ne peuvent ici être exigés (art. 32, 2e al., de la loi de 1832).

Maintenant, pénétrons-nous bien du caractère de cette arrestation, et faisons ressortir la différence qui existe entre elle et la contrainte par corps proprement dite. La contrainte par corps est une voie d'exécution ayant pour but de forcer le débiteur à payer ; l'arrestation provisoire est une mesure de précaution dont le but principal est d'assurer au créancier que le débiteur étranger n'évitera pas, en quittant la France, la contrainte par corps et les autres moyens d'exécution qui pourront être ordonnés plus tard. De cette différence entre les motifs de ces deux espèces d'emprisonnement, il en résulte une autre relative à la manière de les faire cesser ; ainsi l'art. 16 nous dit que « l'arrestation provisoire n'aura pas lieu ou cessera, si « l'étranger justifie qu'il possède sur le territoire « français un établissement de commerce ou des immeubles, le tout d'une valeur suffisante pour assurer le payement de la dette, ou s'il fournit pour « caution une personne domiciliée en France (1) et « reconnue solvable. » Ces circonstances, au contraire, ne pourraient pas empêcher ou faire cesser la véritable contrainte par corps, qui, en principe, ne peut cesser que par le payement de la dette (2).

Du reste, il ne faut pas que l'étranger qui, n'ayant

(1) Exception à l'art. 2018 C. Nap.

(2) Toutefois la loi de 1832 permet au débiteur d'une dette non commerciale

justifié d'aucune des garanties dont il est question dans l'art. 16, a été incarcéré, reste longtemps sous le coup de cette arrestation provisoire; aussi le second alinéa de l'art. 15 ajoute : « Dans ce cas, le « créancier sera tenu de se pourvoir en condamnation « dans la huitaine de l'arrestation du débiteur, faute « de quoi celui-ci pourra demander son élargisse- « ment. » *Troisième alinéa :* « La mise en liberté sera « prononcée par ordonnance de référé, sur une assi- « gnation donnée au créancier par l'huissier que le « président aura commis dans l'ordonnance même qui « autorisait l'arrestation, et, à défaut de cet huissier, « par tel autre qui sera commis spécialement. »

Quant à la durée de la contrainte par corps exercée contre un étranger en vertu d'un jugement pour dette civile ordinaire ou pour dette commerciale, l'art. 17 de la loi de 1832 la faisait varier de deux ans à dix ans, suivant l'importance de la condamnation principale. Mais cette disposition a été, croyons-nous, abrogée par l'art. 12 de la loi du 13-16 décembre 1848, d'après lequel, « dans tous les cas où « la durée de la contrainte par corps n'est pas déter- « minée par la présente loi, elle sera fixée par le ju- « gement de condamnation dans les limites de six « mois à cinq ans (1). »

Cependant nous devons dire que la Cour de Paris a jugé plusieurs fois le contraire et considéré l'art. 17 de la loi de 1832 comme étant encore en vigueur.

de s'affranchir provisoirement de la contrainte par corps en consignant le tiers de la dette et *en fournissant caution pour le surplus* (art. 24, 25 et 26).

(1) *Conf.* M. Demangeat sur Fœlix, t. 2, p. 235, la note *a*, 1.

L'art. 18 de la loi de 1832 rend commun à l'étranger le bénéfice introduit au profit du Français par les art. 4 et 6 de la même loi : « En conséquence, « dit-il, la contrainte par corps ne sera point pro« noncée contre lui, ou elle cessera dès qu'il aura « commencé sa soixante et dixième année. — Il en « sera de même à l'égard de l'étranger condamné « pour dette civile, le cas de stellionat excepté (1). »

L'art. 19 de la même loi, qui interdit la contrainte par corps au profit de certains parents du débiteur, est commun aux étrangers et aux Français, ainsi que les autres dispositions du titre 4 de la loi de 1832.

En supposant qu'un étranger commerçant a été déclaré en faillite par un tribunal français, nous pensons que (comme pour le failli français) la contrainte par corps ne peut pas être exercée contre lui sur la poursuite d'un ou de plusieurs créanciers isolés. Il est en effet de règle, en matière de faillite, que les créanciers ne peuvent pas, après le jugement déclaratif, exercer des poursuites individuelles, dont les frais absorberaient en grande partie l'actif (art. 443, 450, 455, 534, 539, 571 C. comm.) ; spécialement l'exercice de la contrainte par corps serait inconciliable avec le dessaisissement : elle a en effet pour but d'amener à payer ; or il n'est plus au pouvoir du débiteur de le faire, puisqu'il est dessaisi (2).

Les art. 14 et 15 de la loi de 1832 n'accordent les mesures sanctionnatrices dont nous venons de parler

(1) V art. 2066 C. Nap.

(2) MM. Bravard, *Manuel de droit commercial*, 5e édit., p. 523 et 524 ; Demangeat, *Condition des étrangers*, p. 397 ; le même, sur Fœlix, t. 2, p. 234, la note *a*, 2.

qu'aux créanciers français. Mais que décider du cas où, l'obligation ayant été contractée à l'origine par un étranger au profit d'un autre étranger, elle a été ensuite cédée par ce dernier à un Français? Les auteurs et la jurisprudence établissent à cet égard une distinction qui nous paraît juste : s'agit-il d'une obligation qui ne peut être transmise d'une personne à une autre que par la voie d'une cession ordinaire (1), le Français cessionnaire ne sera pas recevable à invoquer les art. 14 et 15, car il ne peut pas dépendre du créancier de changer, par des conventions qu'il fait avec des tiers, la condition du débiteur en faisant produire à son obligation des effets que le débiteur ne pouvait pas prévoir et auxquels il n'a pas consenti. S'agit-il au contraire d'une lettre de change ou d'un billet à ordre, d'un de ces titres qui, renfermant la clause *à ordre*, peuvent être transmis au moyen d'une cession simplifiée appelée *endossement* (art. 136 C. com.), si ce titre, souscrit par un étranger à l'ordre d'un autre étranger, devient par endossement la propriété d'un Français, celui-ci pourra invoquer les art. 14 et 15 de la loi de 1832 (2). Cette conséquence résulte clairement du mécanisme des titres contenant la clause *à ordre*. « En effet, dit « M. Bravard (3), au moyen de cette clause, le tireur « s'oblige, non envers le preneur déterminément, mais « envers le preneur ou celui que le preneur se sub- « stituera par l'endossement; dès lors, cette substi-

(1) Art. 1689 et suiv. C. Nap.

(2) Pourvu, bien entendu, qu'il n'y ait pas de fraude, c'est-à-dire que la cession n'ait pas été faite pour arriver à ce résultat (Soloman, 2e part. p. 85).

(3) Ouvrage cité, p. 212.

« tution une fois opérée, il est tout simple que le sub-« stitué ou cessionnaire soit considéré comme ayant « été directement et dès l'origine investi de la pro-« priété du titre. » En d'autres termes, dans une cession ordinaire le cessionnaire est soumis aux mêmes exceptions que l'eût été son cédant (art. 1295 C. Nap.), tandis que, dans une cession par endossement, le cessionnaire n'est passible que des exceptions qui lui sont personnelles, et nullement de celles qui pourraient être opposées au cédant lui-même (1).

Le Code Napoléon (art. 1238 à 1270) permet au débiteur malheureux et de bonne foi, pour se soustraire à la contrainte par corps, de faire en justice l'abandon de tous ses biens à ses créanciers, nonobstant toute stipulation contraire; il ajoute que « les créanciers ne « peuvent refuser la cession judiciaire, si ce n'est dans « les cas exceptés par la loi. » Or l'art. 905 du Code de procédure civile met en première ligne, parmi les personnes qui ne peuvent être admises au bénéfice de cession, les étrangers (2), se conformant ainsi à l'ancien droit. Si cet étranger est un commerçant en faillite, il ne sera pas recevable au bénéfice de cession judiciaire de ses biens, à double titre, et comme étran-

(1) *Conf.* MM. Soloman, 2e part., p. 90, n° 8; Fœlix, *Droit international privé*, t. 1, p. 465 et 466; C. cass. 26 janv. 1833 (Sirey, 1833, 1, 100); Caen, 12 janv. 1832 (Sirey, 1832, 2, 202); Paris, 27 mars 1835 (Sirey, 1835, 2, 218). M. Demangeat, dans ses notes sur Fœlix (1, p. 466, la note *a*) adopte cette distinction, tandis que dans son *Histoire de la condition civile des étrangers* (p. 397) il décide, sans distinguer, que le cessionnaire français ne pourra pas invoquer les art. 14 et 15 de la loi de 1832.

(2) V. aussi l'ancien art. 575 C. com.; il faut à cet égard noter que le Code de commerce de 1808 admettait au bénéfice de cession même le débiteur commerçant.

ger et comme commerçant (art. 541 C. com.). Mais lui permettra-t-on d'obtenir un concordat par abandon? Au premier abord, on pourrait en douter. En effet, la loi des 17-23 juill. 1856 (1) semble considérer les concordats par abandon comme une sorte de dérogation à la prohibition d'admettre les commerçants au bénéfice de cession de biens (2); or, pourrait-on dire, le concordat par abandon n'étant qu'une espèce de cession de biens, ne doit pas être permis aux commerçants étrangers, puisque l'une des deux causes de leur incapacité (leur extranéité) subsiste toujours. — Mais cette manière de raisonner nous paraît devoir être repoussée, car elle pèche par sa base : le législateur de 1856, en rattachant à l'art. 541 les dispositions sur les concordats par abandon, a commis une erreur de principe, parce que ces dispositions constituent une exception, non à la cession de biens judiciaire, mais aux concordats ordinaires, et il aurait été plus logique de les rattacher à l'art. 519. Et, en effet, la cession judiciaire entraîne l'abandon de tous les biens du débiteur (art. 1268), elle peut être prononcée par le tribunal malgré l'opposition des créanciers, et ne libère le débiteur que jusqu'à concurrence de la valeur des biens abandonnés (art. 1270). Le concordat par abandon, au contraire, peut ne porter que sur une partie des biens, il ne peut pas être prononcé par les tribunaux malgré

(1) Loi relative aux concordats par abandon.

(2) Cette loi dit : « ARTICLE UNIQUE ; l'art. 541 C. com. est modifié ainsi qu'il « suit : *art.* 541. Aucun débiteur commerçant n'est recevable à demander son « admission au bénéfice de cession de biens ; *néanmoins*, un concordat par abandon total ou partiel de l'actif du failli peut être formé, suivant les règles « prescrites par la sect. 2 du présent chapitre, etc. »

les créanciers, et libère complétement le débiteur. Il se rapproche plutôt de la cession de biens volontaire, sauf que cette dernière exige le consentement de l'unanimité des créanciers, tandis que, pour le concordat par abandon, il suffit du consentement de la majorité en nombre des créanciers représentant les trois quarts en somme, consentement qui doit être suivi de l'homologation du tribunal (art. 507 et 513 C. com.) (1). Si donc le concordat par abandon n'a rien de commun avec la cession judiciaire, s'il n'est qu'un simple traité entre le débiteur et ses créanciers, nous ne voyons pas pour quelle raison on pourrait en refuser le bénéfice à l'étranger.

VIII. *Prescription.*— Ici l'embarras de ceux qui veulent adapter à la législation moderne les principes romains est grand : feront-ils dériver la prescription de l'usucapion et la refuseront-ils, par conséquent, aux étrangers? La rattacheront-ils, au contraire, à la *præscriptio longi temporis*, et l'admettront-ils ainsi en faveur de l'étranger? Ils adoptent, pour la plupart, ce dernier parti (2), et c'est ce qui prouve la fausseté de leur système général ; car, s'ils voulaient être conséquents avec eux-mêmes, c'est le premier parti qu'ils auraient dû prendre, puisque, quant à ses effets, la prescription actuelle se rattache beaucoup plus à l'usucapion qu'à la *præscriptio longi temporis* des Romains. Et en effet, l'usucapion seule constituait un

(1) L'erreur du législateur de 1856 est fort bien relevée par M. Bravard, *Lois nouvelles*, p. 107 à 112.

(2) V. notamment Soloman, deuxième partie, p. 56 à 59 ; Marcadé, *Traité de la prescription*, art. 2219, n° 4.

mode d'acquérir la propriété *ex jure Quiritium*, au bout d'un certain temps (1). La *præscriptio longi tem-*

(1) « Chez les pérégrins, dit Gaïus (2, § 40), il n'y a qu'une espèce de propriété : ou bien on est propriétaire ou on ne l'est pas : c'est ce qui était également reçu autrefois chez les Romains. En effet, ou bien on était propriétaire *ex jure Quiritium* ou on ne l'était pas du tout ; mais plus tard la propriété a été scindée, de manière qu'une chose peut appartenir à une personne *ex jure Quiritium* et être *in bonis* d'une autre personne. » (V. aussi Com. 1, § 54.)

D'un autre côté, les choses étaient divisées en *res mancipi* et *res nec mancipi* (Gaïus 2, §§ 15 et suiv.). Quant aux modes d'acquérir on les divisait en modes d'acquérir du *droit civil* et modes d'acquérir du *droit naturel*. Les modes d'acquérir du droit civil étaient : 1° la *mancipatio ;* 2° l'*in jure cessio ;* 3° l'*adjudicatio ;* 4° l'*usucapio ;* 5° la *lex*. (Reg. Ulp., t. 19). La *mancipatio* ne s'appliquait qu'aux choses *mancipi ;* les quatre autres modes s'appliquaient à toutes les choses indistinctement. Mais aucun de ces modes ne pouvait être employé par les pérégrins : ils n'étaient accessibles qu'aux citoyens romains. On pouvait acquérir par chacun de ces modes le *dominium ex jure Quiritium*. Les principaux modes d'acquérir du droit naturel étaient l'*occupation* et la *tradition :* l'occupation était un mode originaire : le citoyen romain acquérait sur la chose le *dominium ex jure Quiritium* (Gaïus 2, §§ 67 à 69). La *tradition* appliquée à une chose *mancipi* ne faisait pas acquérir à l'*accipiens* le *dominium ex jure Quiritium :* elle mettait la chose *in bonis* et le *tradens* conservait le *nudum jus Quiritium ;* il y avait même un cas où une chose *mancipi* était acquise *ex jure Quiritium* à l'*accipiens* au moyen de la simple tradition : c'était le cas où, appartenant à un pérégrin, elle était livrée par lui à un citoyen : ce dernier devenait alors *dominus ex jure Quiritium ;* car le pérégrin, ne connaissant qu'une propriété, n'avait pas pu retenir le *dominium ex jure Quiritium ;* aussi Ulpien, en parlant (1. § 16) d'un esclave *in bonis* suppose une tradition faite à un citoyen par un citoyen.

Une conclusion à tirer de tout ce que nous venons de dire est qu'il ne faut aucunement confondre le *mode d'acquérir* avec le *droit qui en résultait*. En effet, le mode d'acquérir pouvait être *juris civilis* ou *juris gentium* et le droit acquis être *juris civilis*, c'est ce qui est dit du reste par Paul (L. 23, pr., ff., *De rei vindicatione*, 6, 1) : « *In rem actio competit ei qui aut jure gentium aut jure civili dominium adquisivit.* »

Pour en revenir à l'usucapion, nous dirons que, en droit classique elle avait deux applications distinctes : 1° une chose *mancipi* ayant été simplement *livrée* par le propriétaire *ex justa causa* l'*accipiens* ne l'aura que *in bonis :* il n'en deviendra *dominus ex jure Quiritium* que par l'usucapion (peu importe ici la bonne ou mauvaise foi) ; 2° une chose *mancipi* ou *nec mancipi* est livrée *a non domino ex justa causa* et l'*accipiens* est de bonne foi : ce dernier n'en deviendra *dominus ex jure Quiritium* que par l'usucapion (Gaïus, 2, §§ 40 à 44). Sous Justinien cette seconde application subsiste seule.

poris, au contraire, n'était pas un moyen d'acquérir : elle était seulement un moyen de repousser une action, une indication restrictive mise au commencement de la formule adressée par le préteur au juge, et par laquelle il était enjoint à ce dernier de ne s'occuper de l'affaire que si la chose n'avait pas été possédée pendant le temps et selon les conditions exigées (*ea res agatur, cujus non est possessio longi temporis*); c'était, en un mot, un moyen accordé dans l'origine par les préteurs aux possesseurs de fonds provinciaux (fonds qui n'étaient pas susceptibles de propriété privée) pour protéger leur possession (1).

Il est donc clair que la prescription actuelle, rangée par le Code Napoleon (art. 712 et 2219) parmi les différentes manières d'acquérir la propriété, a beaucoup plus de ressemblance avec l'usucapion romaine qu'avec la *præscriptio longi temporis*. Et ceux qui argumentent avec tant de chaleur du droit romain pour refuser, en l'absence de tout texte, à l'étranger le droit d'être tuteur d'un Français, ne devaient pas lui accorder le droit d'usucaper. Mais ils ont probablement compris que, s'ils poussaient aussi loin les conséquences de leur système, sa défectuosité deviendrait par trop évidente; qu'on serait en droit de leur dire que si, à Rome, le pérégrin ne pouvait pas usucaper, c'était parce qu'il ne pouvait pas avoir le *dominium ex jure Quiritium* que l'usucapion faisait acquérir, tandis que, la loi fran-

(1) Gaïus, 2, § 46; 4, §§ 150 et suiv. La distinction entre les fonds italiques et les fonds provinciaux s'est effacée peu à peu : leur assimilation est consacrée définitivement par Justinien (Inst. 2, t. 1, § 40; loi unique, Code, *De nudo jure Quirit. tollendo*, 7, 25).

çaise permettant à l'étranger d'être propriétaire, on doit en conclure qu'elle lui permet par là même d'acquérir la propriété par tous les moyens acquisitifs, sauf ceux qu'elle lui interdit formellement (comme elle lui interdisait avant 1819 l'acquisition par succession, donation ou legs) (1), et qu'elle ne lui a interdit nulle part la faculté de prescrire; que refuser à l'étranger le droit de prescrire à une époque où la propriété était transférée *erga omnes*, indépendamment de toute condition de publicité (2) ce serait le placer dans une incertitude éternelle, puisque l'acquéreur, dont le titre aurait une date certaine antérieure à celle de son propre titre d'acquisition, pourrait de tout temps venir l'évincer. Voilà ce que nous aurions répondu aux partisans du système que nous avons combattu sous l'art. 11 s'ils avaient refusé aux étrangers le droit de prescrire; voilà ce que nous répondons à ceux qui, faisant de la prescription un droit civil, en refusent le bénéfice aux

(1) M. Marcadé (*loc. cit.*) donne à ce propos un argument qui démontre combien est arbitraire le système que nous avons combattu en expliquant l'art. 11 C. Nap. « Pothier, dit-il, enseignait que la prescription ne pourrait pas être « invoquée en France par des étrangers. Or cette doctrine était inadmissible « autrefois déjà, et elle l'est bien mieux encore aujourd'hui, depuis que la loi « de 1819 permet aux étrangers de recueillir et transmettre en France, non- « seulement par succession, mais même par donation et testament : certes la « matière des donations et testaments est bien autrement du droit civil que la « prescription... » Mais cette certitude, où le savant auteur l'a-t-il puisée? Et d'ailleurs comment peut-il argumenter *à fortiori* d'une loi postérieure de quinze ans au Code pour prouver que, sous le Code, l'étranger peut prescrire? Il est évident que si les rédacteurs du Code entendaient refuser à l'étranger la faculté de prescrire, la loi de 1819 n'a pas pu avoir pour effet de la lui accorder.

(2) La formalité de la transcription n'a été rétablie que par la loi du 23 mars 1855.

étrangers (1). Pour nous, qui avons admis que les étrangers ont en France tous les droits privés, sauf ceux que la loi leur enlève formellement, la question est bien simple : 1° L'étranger peut être propriétaire en France de la même manière qu'un Français ; il peut par conséquent acquérir la propriété par les mêmes modes d'acquisition que les Français, à moins que la loi ne lui interdise un ou plusieurs d'entre eux ; elle ne lui interdit pas d'acquérir par prescription ; donc ce mode d'acquisition lui est ouvert. 2° L'étranger peut être débiteur d'un Français, son obligation s'éteindra de la même manière que celle d'un Français (art, 1234), sauf disposition contraire de la loi ; donc elle s'éteindra par prescription puisque aucun texte ne lui refuse ce mode de libération (2).

(1) M. Soleman cite deux auteurs qui adoptent ce parti : Guichard, *Dr. civ*, n° 16, et Gérard de Rayneval, *Instit. du dr. de la nature et des gens*, p. 155. C'est le système que Pothier adoptait dans l'ancien droit (*Traité de la prescr.*, n° 20) en désaccord, quant à cela, avec la généralité de la doctrine et de la jurisprudence ; mais tandis que, dans le traité cité, Pothier ne fait aucune distinction, dans son *Traité des personnes* (t. 2, sect. 2, § 49, n° 7-6°), il accorde à l'étranger la prescription acquisitive ou libératoire par trente ans.

(2) *Conf.* M. Demangeat, p. 330 à 334.

CHAPITRE II.

DES LOIS D'APRÈS LESQUELLES LES DROITS ACCORDÉS AUX ÉTRANGERS DOIVENT ÊTRE RÉGLEMENTÉS.

« *Extra territorium jus dicenti impune non paretur*, » disait Paul (1) et ce principe, émis par le jurisconsulte romain à l'occasion de la compétence territoriale du magistrat, n'est pas moins vrai lorsqu'il s'agit de la souveraineté d'un État. Chaque nation est libre d'établir chez elle les lois qui lui conviennent, et ces lois régiront de plein droit toutes les choses qui se trouvent dans son territoire, toutes les personnes qui y habitent, quelles que soient leur origine et leur nationalité. Mais cette souveraineté s'arrête à la frontière et, de même qu'une nation est libre de faire abstraction des lois étrangères, de même elle ne peut pas exiger que ses propres lois reçoivent une application quelconque dans le territoire d'un autre État souverain. Telle est la rigueur des principes, et si ces principes étaient appliqués à la lettre, on pourrait s'étonner avec raison que nous recherchions, dans un chapitre

(1) Loi 20, ff., *De jurisdictione* (2, 1).

spécial, d'après quelles lois les droits dont les étrangers jouissent en France doivent être réglementés, puisqu'il n'y aurait qu'à appliquer à tous et en tout la loi française.

Mais on comprend ce qu'une application rigoureuse de ces principes aurait de préjudiciable à la nation elle-même qui les invoquerait, en rendant presque impossibles les rapports entre les membres de cette nation et les étrangers, rapports adoucis par le christianisme et multipliés journellement par les progrès de la civilisation; on conçoit donc que les nations aient été amenées peu à peu à accorder, chacune chez elle et dans son propre intérêt, un effet plus ou moins étendu aux lois étrangères. Cet effet, entendons-nous bien, la loi étrangère ne l'a pas par elle-même; elle ne peut le produire sur le territoire d'une autre nation, que du consentement exprès ou tacite de cette nation; il n'y a donc là qu'une concession réciproque qui n'affecte en rien la souveraineté et l'indépendance des différents États.

D'après ce qui précède, on voit combien il importe de déterminer jusqu'à quel point il y aura lieu en France à l'application, relativement aux droits accordés aux étrangers, de la loi étrangère; l'examen de cette question, qui ne présenterait aucun intérêt s'il y avait parité complète entre les diverses législations, en acquiert au contraire beaucoup, vu les nombreuses différences qui existent entre elles.

Afin d'établir plus clairement cette délimitation, nous croyons utile de diviser notre chapitre en deux sections. Dans la première, nous examinerons d'après quelles lois seront régis, *quant au fond*, les droits accordés à l'étranger; dans la seconde, nous nous demanderons quelle sera la loi à suivre pour la forme purement extérieure ou extrinsèque des actes au moyen desquels ces droits seront constatés ou exercés. Reprenons, pour bien faire comprendre cette division, l'exemple que nous avons donné au commencement de la deuxième partie de notre travail. Le droit de tester étant reconnu au profit de l'étranger, d'après quelle loi devra-t-on déterminer : 1° l'âge à partir duquel il pourra tester; 2° la partie des biens dont il pourra ainsi disposer? Voilà ce qui est relatif au fond du droit. — Quelle loi l'étranger devra-t-il suivre pour la confection du testament, c'est-à-dire de l'acte extérieur contenant l'expression de ses dernières volontés? Voilà qui rentre dans les questions de forme.

SECTION I.

Lois d'après lesquelles les droits accordés à l'étranger seront régis quant au fond.

Le Code Napoléon, dans son art. 3, nous indique la distinction qu'il faut faire à cet égard. Le deuxième alinéa de cet article proclame que « les immeubles, « même ceux possédés par des étrangers, sont régis par « la loi française. » Quant au troisième alinéa, il n'est relatif qu'aux Français résidant en pays étranger et décide qu'ils seront régis, pour ce qui concerne leur état et leur capacité, par la loi française. Mais il est évident que l'intention du législateur a été de consacrer ici la règle établie par la convention tacite des nations et d'après laquelle la loi personnelle d'un individu le suit même en pays étranger; car de quel droit la France réclamerait-elle chez les nations étrangères le respect d'une règle qu'elle refuserait elle-même d'appliquer aux étrangers? Agir ainsi, ne serait-ce pas s'exposer à des représailles? Ce qui prouve que telle n'a pas été l'intention du législateur français, c'est que dans sa rédaction primitive, l'art. 3 était ainsi conçu : « La loi oblige indistinctement tous ceux « qui habitent le territoire, » et que cette rédaction fut changée comme étant trop large; car, a-t-on observé, l'étranger n'est pas soumis à celles des lois françaises qui règlent l'état et la capacité. — Nous déciderons donc que les étrangers résidant en France seront régis, quant à leur état et leur capacité, par les lois de leurs pays respectifs, en tant que ces lois ne seront pas contraires à l'ordre public et aux bonnes mœurs. Cette règle doit être admise sans aucune condition de réciprocité et lors même que l'étranger qui en invoquerait l'application appartiendrait à une nation qui n'admettrait pas à l'égard du Français le principe de suite de son statut personnel (1).

Nous venons d'employer l'expression *statut*. Ce mot, qui désignait anciennement les lois particulières à chaque province, est pris aujourd'hui comme synonyme du mot *loi*, et usité surtout en droit internatio-

(1) *Conf.* MM. Fœlix, t. 1, n° 32; Demangeat, sur Fœlix, t. 1, p. 65, la note *a*, et p. 139, la note *a*.

nal privé à propos des conflits entre différentes législations. Ainsi, on appelle *statuts personnels* les lois qui s'occupent principalement de la personne pour régler son état ou sa capacité; *statuts réels*, les lois qui s'occupent principalement des biens. — Mais on conçoit ce que cette distinction présente de délicat.

En effet, à un certain point de vue on peut dire que toutes les lois sont personnelles, car, ainsi que l'a dit Hermogénien (1) « *hominum causa omne jus constitutum est,* » c'est aux personnes que le législateur permet, ou défend, ou commande, et s'il s'occupe des choses, ce n'est qu'en tant qu'elles peuvent être l'objet d'un droit appartenant à une personne (2). On le voit, la connexité est telle qu'il n'est pas possible que le législateur parle des personnes et de leur capacité sans s'occuper des biens qui sont l'objet de cette capacité, et que, à l'inverse, il s'occupe des biens sans s'occuper des personnes qui peuvent les transmettre ou les acquérir. A quel signe pourrons-nous donc distinguer, parmi les lois françaises, celles qui, étant personnelles, ne devront pas être appliquées aux étrangers résidant en France (3), de celles qui, à raison de leur caractère

(1) L. 2, ff., *De statu hominum* (1, 5). V. également Inst. de Justin., liv. 1, t. 3, pr.

(2) Marcadé, sur l'art. 3 (t. 1, n° 66).

(3) Nous nous exprimons ainsi pour mieux rendre cette idée que c'est d'après l'esprit de la législation française qu'on doit déterminer, relativement à l'étranger résidant en France, si telle loi est réelle ou personnelle. Supposons, par exemple, qu'il est formellement écrit dans un Code que la succession laissée par un étranger dans le pays régi par ce Code, sera déférée d'après la loi personnelle de cet étranger; il ne sera pas moins vrai que la succession, laissée en France par un membre de cette nation, dont la loi considère les règles sur les successions comme étant de statut personnel, sera dévolue conformément

réel, régiront même les biens possédés en France par des étrangers? Nous croyons qu'il faudra, à cet effet, s'attacher à l'objet principal, direct, immédiat de la loi, sans se préoccuper de ce qui ne s'y trouve que comme une conséquence plus ou moins éloignée de cet objet. Le but prédominant, direct et immédiat de la loi est-il de régler l'état de la personne, le statut sera personnel; la loi a-t-elle au contraire pour but principal de régler la quantité, la nature des biens, la manière d'en disposer, le statut sera réel (1). Du reste ce qu'il y a de mieux à faire en cette matière, c'est d'examiner le caractère des différentes dispositions législatives, et c'est ce que nous allons essayer, en suivant toujours, autant que possible, l'ordre du Code Napoléon.

I. *Mariage.* — A. Pour pouvoir contracter en France mariage avec une personne étrangère ou française, l'étranger doit réunir les qualités et conditions requises par sa loi personnelle; c'est donc cette loi qu'on devra appliquer :

1° Quant à l'âge requis pour pouvoir contracter mariage; ainsi un homme étranger pourra se marier en France à l'âge de quatorze ans, une femme étrangère à l'âge de douze ans, si la loi de son pays lui permet de se marier à cet âge (2); que si, au contraire, la loi personnelle d'un individu le déclare incapable de se marier avant l'âge de vingt-cinq ans (3), cet individu ne

à la loi française. En effet, l'application dans un pays d'une loi étrangère n'étant qu'une concession de l'autorité souveraine, doit être circonscrite dans les limites posées expressément ou tacitement par cette autorité.

(1) Merlin, *Rép.*, v° *Autorisat.*, sect. 10.

(2) C'est ce qui est permis notamment par les lois anglaise et espagnole.

(3) Wurtemberg.

pourra se marier en France qu'après avoir atteint cet âge.

2° Quant à la question de savoir quelles sont les personnes dont le consentement est nécessaire à la validité du mariage et jusqu'à quel âge ce consentement devra être obtenu ; ainsi la loi personnelle se contente-t-elle du consentement du père, sans exiger que la mère soit au moins consultée, exige-t-elle au contraire, pour que le mariage soit valable, que le consentement de la mère soit ajouté à celui du père, fixe-t-elle, quant à la nécessité d'obtenir ce consentement, un âge plus ou moins élevé que celui de la loi française..., elle doit en tout point être suivie. Certaines législations étrangères défendent à leurs sujets, à peine de nullité, de se marier à l'étranger sans permission du gouvernement (1). Pour éviter le préjudice qui pourrait résulter pour des Français de l'ignorance de dispositions pareilles, le ministre de la justice, par une circulaire adressée le 4 mars 1831 aux procureurs généraux près les Cours royales, conseille d'exiger de tout étranger qui voudra se marier en France « la justification, par un certificat des « autorités du lieu de sa naissance ou de son dernier « domicile dans sa patrie, qu'il est apte, d'après les « lois qui la régissent, à contracter mariage avec la « personne qu'il se propose d'épouser. » Et une lettre adressée le 7 juillet 1835, par le procureur du roi près le tribunal de la Seine, à un maire du département, porte qu'on peut suppléer à ce certificat par un acte de notoriété sous la forme indiquée dans l'art. 70 du Code civil.

(1) Bavière, Wurtemberg.

Ces mesures, qui d'ailleurs n'ont rien d'obligatoire, sont critiquées avec raison par M. Fœlix (1), la première parce qu'elle met des entraves à des mariages réunissant toutes les conditions légales, en exigeant un certificat qui peut être refusé par l'autorité étrangère; la seconde, qui a eu précisément pour but de remédier à cet inconvénient, parce qu'elle applique « à « une question de droit une disposition de loi qui n'a « été conçue que pour constater un fait. » En effet, la question de savoir si un étranger est capable, d'après les lois de son pays, de contracter mariage, est une question de droit, et ne peut pas être résolue par la déclaration d'individus qui y sont, le plus souvent, étrangers. « L'étude des législations étrangères par les « jurisconsultes français, ajoute M. Fœlix, sera le meil- « leur moyen de prévenir les incertitudes et les incon- « vénients en cette matière; et, si l'officier de l'état « civil ne se trouve pas suffisamment éclairé par les « explications du futur époux étranger, celui-ci devra « faire assigner ce fonctionnaire devant le tribunal, qui « statuera selon les circonstances de chaque espèce. »

3° Quant aux prohibitions pour cause de parenté d'alliance, etc. Pas de difficulté si les prohibitions prononcées par la loi étrangère sont plus étendues que celles de la loi française; ainsi, en supposant qu'une loi étrangère défend le mariage entre cousins germains (2), l'individu régi par cette loi ne pourra pas, en France, épouser sa cousine, soit étrangère, soit même Française; car si cette dernière est capable

(1) T. 2, p. 381 à 390.
(2) Grèce.

d'après sa loi personnelle d'épouser son cousin, l'incapacité n'en existe pas moins dans la personne de ce dernier.

Mais que faudra-t-il décider dans le cas où la loi étrangère permet le mariage à un degré de parenté ou d'alliance auquel la loi française le défend? Le mariage ne sera sans doute pas possible entre l'individu régi par la loi étrangère et une personne française, sa parente ou alliée audit degré, car l'incapacité existe chez cette dernière; mais devrons-nous en dire autant du cas où les deux personnes qui désirent contracter mariage en France sont également régies par la loi étrangère? La distinction suivante nous paraît raisonnable : le mariage ne doit pas être permis s'il s'agit de parents ou alliés en ligne directe, ou d'un frère et d'une sœur. Une telle union serait par trop scandaleuse, et la loi personnelle étrangère ne peut certes pas recevoir d'application en France lorsqu'elle est contraire à l'ordre public ou aux bonnes mœurs. Que si au contraire il s'agit d'un mariage entre un beau-frère et sa belle-sœur, un oncle et sa nièce, une tante et son neveu, nous croyons qu'il ne doit pas être défendu. En effet, de ce que la loi française (art. 164) permet au chef de l'État de lever les prohibitions portées par les art. 162 et 163 du Code Napoléon aux mariages entre des personnes parentes ou alliées auxdits degrés, il s'ensuit que, si elle est défavorable à ces mariages, elle ne les considère pas toutefois comme contraires à l'ordre public et aux bonnes mœurs.

Nul doute que la loi étrangère qui permet la polygamie ne pourra recevoir aucune application en France, et que sur ce point les étrangers comme les Français seront régis par l'art. 147 du Code Napoléon, d'après lequel « on ne peut contracter un second mariage avant « la dissolution du premier. » Mais cet article fait naître une question délicate, celle de savoir si l'étranger divorcé dans son pays (dont la législation reconnaît le divorce) peut, du vivant de son premier conjoint, se marier en France : des auteurs d'une grande autorité ont soutenu la négative, par la raison que, le divorce ayant été aboli en France (1) comme contraire à la morale et à l'intérêt de la société, l'application de la loi étrangère qui le reconnaît (application qui résulterait implicitement de la célébration d'un pareil mariage) blesserait ce qui, en France, est considéré comme étant d'ordre public (2). Et ce système a été consacré par plusieurs arrêts (3).

Il nous est, quant à nous, impossible d'admettre une pareille doctrine. De quoi s'agit-il en effet ? Demande-t-on à un tribunal français de prononcer, faisant application de la loi étrangère, le divorce entre deux conjoints étrangers ? Point ! Toute la question est de savoir si tel individu est, d'après sa loi personnelle, libre d'un premier lien et par conséquent capable de contracter un nouveau mariage ; s'il l'est, nul n'a le droit de fouiller dans son passé, de réformer pour ainsi dire la décision rendue, d'après les lois d'un pays

(1) Loi du 8 mai 1816.

(2) *Conf.* MM. Demangeat, *Cond. des étr.*, p. 383, le même sur Fœlix, t. 1, p. 66, la note *a*; Demante, sur l'art. 3 (t. 1, p. 45, la note 1); Sapey, p. 195.

(3) Notamment par deux arrêts de la Cour de Paris, le premier du 30 août 1824, et le second du 28 mars 1843.

étranger, par une autorité judiciaire de ce pays. Cet homme, son statut personnel le considère comme libre, et l'on ne pourra pas, quoi que l'on fasse, rendre la vie à son premier mariage, surtout si la législation étrangère contient une disposition analogue à celle de l'ancien art. 295 du Code Napoléon (1).

On ne niera certainement pas à un homme qui a tué sa femme le droit de se remarier, par la raison que le fait qui a dissous son premier mariage est contraire à l'ordre public et aux bonnes mœurs; à plus forte raison doit-on reconnaître ce droit à l'étranger divorcé, qui n'a fait qu'user d'un droit que lui accordait sa loi nationale, qui même, peut-être, a fait tout son possible pour éviter le divorce et n'a courbé la tête que devant l'autorité de la chose jugée. Du reste, nos adversaires eux-mêmes sont obligés d'admettre, et c'est ce qui condamne leur système, qu'un Français qui a divorcé sous l'empire du Code, qu'un étranger qui a divorcé dans son pays avant la loi du 8 mai 1816, a pu depuis cette loi, et du vivant de sa première femme, contracter en France un second mariage.

L'assimilation qu'on a cherché à faire entre le divorce et la polygamie n'est pas fondée; dans le cas de polygamie, un premier mariage *subsiste*, même d'après la loi personnelle de l'étranger, et l'art. 147 s'oppose à la célébration d'un mariage nouveau; dans notre cas,

(1) S'il nous est permis, afin de mieux faire comprendre notre pensée, d'employer une expression usitée en droit international public, nous dirons que les tribunaux français sont libres de faire leurs réserves sur la *question de principe*, mais qu'ils doivent reconnaître *le fait accompli*, puisqu'il s'est accompli en pays étranger et conformément à la loi étrangère.

au contraire, le premier mariage de l'étranger est dissous conformément à sa loi personnelle. Et d'ailleurs, peut-on raisonnablement mettre sur la même ligne la polygamie et le divorce? La polygamie n'existe que chez les peuples plongés dans la barbarie, et sur lesquels la religion chrétienne n'a pas encore répandu sa lumière bienfaisante; un grand nombre de nations chrétiennes et civilisées admettent au contraire le divorce (1); hier encore il était autorisé par la loi française, et il n'est pas du tout prouvé que cette institution doive être entièrement éliminée des législations modernes (2).

Nous admettons donc que l'étranger divorcé dans son pays est parfaitement capable de se remarier en France et d'y épouser une personne, soit étrangère, soit même Française; car, une fois qu'il est établi que cet étranger doit être considéré comme capable de se marier en France, il n'y a rien qui mette obstacle à son mariage avec une Française, à laquelle aucune loi ne défend d'épouser un homme divorcé (3).

(1) Il est admis dans tous ou presque tous les pays de religion protestante ou grecque.

(2) Les partisans du système contraire doivent, pour être conséquents, décider, ainsi que l'a fait la Cour de Poitiers (7 janvier 1845), que le mariage contracté dans son pays avec une Française, par un homme divorcé, du vivant de sa première femme, est nul, que les enfants sont illégitimes, etc. On voit que leur système mène loin.

(3) *Conf* M. Soloman, 2e part., p. 33 à 36. M. Fœlix paraît adopter également ce système, car, en parlant des effets du statut personnel, il cite (t. 1, p. 66, la note 7), comme ayant fait application des principes, l'arrêt du tribunal de la Seine, en date du 22 fév. 1842, qui l'a consacré. V. aussi t. 1, p. 78, où l'auteur dit que c'est la loi personnelle qui régit les causes de la dissolution du mariage.—V. dans le même sens un arrêt de la Cour de Nancy, du 30 mai 1826.

B. C'est également la loi personnelle de l'étranger qui régit les obligations naissant du mariage et les droits et devoirs respectifs des époux (1). Ainsi, c'est d'après sa loi personnelle qu'on appréciera la capacité de la femme mariée pour connaître quels sont les actes qu'elle peut faire seule, quels sont ceux pour la validité desquels l'autorisation, maritale ou autre, est nécessaire, quels sont enfin ceux qui lui sont défendus (2). Si donc la loi personnelle de la femme contient une disposition analogue à celle du sénatus-consulte Velléien, et lui défend par conséquent d'intercéder pour autrui (3), l'obligation qu'elle aurait contractée en France, contrairement à cette disposition, ne serait pas valable (4). A l'inverse, si la capacité de la femme est plus large d'après sa loi personnelle, si, par exemple, cette loi lui permet de faire le commerce avec la seule autorisation de justice (5), ou bien si elle permet à la femme ou fille non commerçante de signer avec effet une lettre de change (6), on devra toujours l'appliquer (7).

(1) MM. Fœlix, t. 1, p. 78; Demangeat, p. 360.

(2) Fœlix, t. 1, p. 187.

(3) La loi espagnole.

(4) *Conf.* MM. Fœlix, t. 1, p. 200, et Demangeat, *eod. loco*, la note *a*. — *Contrà*, C. de Paris, 15 mars 1831 (Sirey, 1831, 2, 237). La Cour, dans cet arrêt, ne considère pas le sénatus-consulte Velléien comme étant le statut personnel.

(5) L'art. 4 du Code de commerce français ne permet à la femme française de faire le commerce qu'avec l'autorisation du mari, à laquelle celle de la justice ne peut suppléer (M. Bravard, *Manuel du droit commerc.*, 5e édit., p. 18 et suiv.).

(6) A l'égard d'une femme française, cette signature ne vaut que comme simple promesse (art. 113 C. com.).

(7) *Conf.* M. Demangeat, sur Fœlix, t. 1, p. 63, la note *a*, *in fine*. M. Demangeat résout implicitement la question, quant à la lettre de change, en disant que l'art. 113 C. com. est de statut personnel.

Il nous reste à faire deux observations :

La première est que la loi personnelle ne doit pas être appliquée toutes les fois qu'elle donne à l'un des conjoints un droit ou lui impose un devoir contraire à l'ordre public ou aux bonnes mœurs ; ainsi on ne permettra sans doute pas au mari étranger d'user du droit, qu'une loi barbare lui accorderait, de battre sa femme (1). Nous croyons même que, si l'intérêt de l'ordre public ou des bonnes mœurs le réclame, la justice française peut faire cesser, sur la demande de l'un des conjoints étrangers, une cohabitation devenue impossible par le fait de l'autre conjoint, alors même que cela ne serait pas permis par leur statut personnel (2).

Notre seconde observation est relative au cas où, des rapports de famille existant entre un étranger et un Français, il y a impossibilité de concilier la loi étrangère avec la loi française ; la règle à suivre dans des cas semblables est ainsi formulée par M. Demangeat (3) : « D'étranger à Français, on doit toujours « appliquer la loi française, quand le droit dont il « s'agit ne tient pas à une question de capacité ou « d'incapacité en la personne de l'étranger. » Ainsi, en supposant par exemple que, d'après une législation étrangère, le fils est, à tout âge, tenu envers son père d'une obligation qui n'existe pas dans la loi française, le fils français d'un individu régi par la loi étrangère (4)

(1) *Conf.* M. Soloman, 2e part., p. 50.

(2) *Conf.* M. Demangeat, p. 584.

(3) P. 561.

(4) Il se peut, par exemple, que le fils, né en France, ait usé du bénéfice de l'art. 9 C. Nap.

ne sera pas tenu de cette obligation, et *vice versa* (si le père est Français et l'enfant étranger).

II. *Paternité. Filiation.* — Ici encore il faut appliquer à l'étranger sa loi personnelle : c'est d'après cette loi que devra être décidée la question de la légitimité de l'enfant, celle de la reconnaissance ou de la légitimation d'un enfant naturel. Ainsi, il se peut que cette loi n'admette pas la légitimation par mariage subséquent (1), il se peut au contraire qu'elle admette une légitimation par rescrit du prince : elle doit, dans les deux cas, être appliquée (2).

III. *Adoption.* — C'est encore la loi personnelle de l'étranger qu'il faudra suivre. Si l'adoption a lieu entre un Français et un étranger, ce qui, nous croyons l'avoir prouvé (3), est parfaitement permis, chacun d'eux doit réunir les qualités et conditions exigées par sa loi personnelle. Parmi ces conditions, celle d'après laquelle une certaine différence d'âge doit exister entre l'adoptant et l'adopté est pour ainsi dire inhérente dans chacune des parties contractantes : si donc la législation étrangère exige une différence d'âge moindre que celle qui est exigée par la loi française (4), l'adoption ne pourra pas avoir lieu entre *Primus* (l'étranger) et *Secundus* (le Français), entre lesquels il n'y a pas au moins quinze ans de différence, car si *Primus* est capable d'adopter *Secundus* ou d'être adopté par lui, *Se-*

(1 Loi anglaise.

(2) MM. Fœlix, t. 1, p. 79 ; Soloman, 2e part. p. 32 ; Sapey, p. 187 ; Demangeat, p. 372 ; arrêt de la Cour de Caen, du 18 nov. 1852.

(3) V. plus haut 2e part., ch. 1, n° 2 (p. 37).

(4) L'art. 343 C. Nap. exige que l'adoptant ait au moins quinze ans de plus que l'adopté.

cundus n'est pas capable d'être adopté par *Primus* ou de l'adopter. Que si au contraire la loi étrangère exige une différence d'âge plus grande que celle qui est demandée par la loi française, l'adoption ne pourra pas intervenir entre l'étranger et le Français entre lesquels il n'y a que quinze ans de différence, car ici l'incapacité existe dans la personne de l'étranger.

IV. *Puissance paternelle.* — Ce qui concerne l'organisation de la puissance du père étranger sur ses enfants sera réglé par la loi étrangère, en tout ce qui n'est pas contraire à l'ordre public ou aux bonnes mœurs. Parmi les attributs de cette puissance, telle qu'elle est organisée par la loi française, se trouve le droit de jouissance que l'art. 384 du C. Nap. accorde au père ou à la mère sur les biens de leurs enfants âgés de moins de dix-huit ans accomplis et non émancipés ; le père étranger aura-t-il cet usufruit sur les biens situés en France de son enfant mineur ? La question a été vivement débattue dans l'ancien droit et l'est encore de nos jours. A notre avis, le père étranger n'aura l'usufruit qu'autant que sa loi personnelle l'accorde. En effet, le droit dont il s'agit a « un caractère essentiel et « dominant, c'est d'être inhérent à la puissance pater« nelle et l'un des éléments de son organisation (1). » Or, puisque nous admettons que cette puissance sera réglementée par la loi personnelle de l'étranger, il nous paraît logique de conclure que l'étranger n'aura l'usufruit sur les biens de ses enfants que si sa loi le lui accorde; nous croyons en d'autres termes que l'ac-

(1) M. Demante, t. 2, n° 129 *bis*, 2.

cessoire doit dépendre de la même loi de laquelle dépend le principal (1). Et il n'y a là rien de contraire aux principes : ce n'est pas la loi étrangère qui vient établir un droit sur des biens français; c'est la loi française qui prête sa propre puissance à la disposition du législateur étranger, disposition qui n'a rien de contraire au régime des biens en France et s'accorde même avec une règle du droit français (2).

V. *Minorité. Tutelle. Emancipation. Interdiction.* — Toutes ces matières tiennent à l'état et à la capacité de la personne et doivent par conséquent, être régies par le statut personnel. Ainsi, c'est d'après ce statut que doit être déterminée l'époque de la majorité de l'étranger, et par suite le temps pendant lequel il doit rester en tutelle ; c'est elle qui indique les personnes qui peuvent être appelées à exercer les fonctions de tuteur et qui définit leurs pouvoirs. Si donc, d'après cette loi, il est permis au tuteur d'acheter les biens du mineur, le tuteur de l'individu étranger pourra acheter un immeuble appartenant à celui-ci et situé en France, malgré la prohibition de l'art. 450, troisième alinéa du Code Nap. (3). C'est encore la loi personnelle qui détermine les cas où le mineur étran-

(1) *Conf.* MM. Fœlix, t. 1, p. 135 et 136; Demangeat, p. 380; le même, sur Fœlix, t. 1, p 136, la note *a*.

(2) M. Sapey (p. 190) admet, d'après Merlin, le système suivant : « Il faut « dit-il, que la loi *étrangère* confère la puissance paternelle à ce père étranger, « pour que la loi *française* lui donne l'usufruit légal sur les biens situés en « France. Nous appliquerons donc le *statut personnel* à la capacité du père, et « le *statut réel* au droit d'usufruit conféré sur les biens. » Les arguments que nous avons donnés pour établir notre opinion sur cette question nous paraissent démontrer suffisamment ce que le système de M. Sapey a de défectueux.

(3) M. Demangeat, sur Fœlix, t. 1, p. 110, note *b*.

ger peut être émancipé et les causes pour lesquelles une personne étrangère peut être interdite (1). Nous déciderons par conséquent que l'individu étranger contre lequel l'interdiction a été prononcée par un tribunal de son pays, sera considéré comme incapable, même en France (2).

VI. *Distinction des biens. Propriété. Servitudes. Manières d'acquérir.* — Ici nous sortons des cas d'application du statut personnel pour arriver à ceux de l'application du statut réel, nous quittons l'exception pour rentrer dans la règle. Quelle que soit la nationalité de la personne qui a droit sur un bien situé en France, c'est d'après la loi française qu'on devra décider :

1° Quelle est la classe à laquelle ce bien appartient. C'est cette loi qui déterminera si tel bien est meuble ou immeuble ; s'il est immeuble par sa nature, par sa destination ou par l'objet auquel il s'applique. Ainsi en supposant qu'un étranger a acquis, moyennant l'aliénation de son immeuble situé en France, une rente, cette rente sera mobilière, conformément à l'art. 529 du Code Nap., lors même que la loi personnelle de l'étranger rangerait ces sortes de droits dans la classe des immeubles (3).

2° Quels sont les droits dont ces biens sont susceptibles et quelle est la limite de ces droits. Ainsi, l'étranger propriétaire d'un immeuble situé en France

(1) MM. Fœlix, t. 1, p. 80, 181 et 187; Demangeat, p. 372 et 373 ; Sapey, p. 187, 188 et 192.

(2) MM. Fœlix, t. 1, p. 188 ; Demangeat, p. 374.

(3) *Conf.* M. Demangeat, sur Fœlix, t. 1, p. 123, la note *a*.

ne pourra pas en faire un usage permis par la législation de son pays, mais prohibé par les lois ou par les règlements français (1) et *vice versa*. Ainsi encore, l'étranger propriétaire d'un fonds français ne pourra pas obtenir du propriétaire d'un autre fonds ou consentir envers lui une servitude du genre de celles que proscrit l'art. 686 du Code Nap. (2). En un mot, les droits sur les biens situés en France sont régis, même entre les mains des étrangers par la loi française.

3° Quelles sont les différentes manières d'acquérir les droits dont ces biens sont susceptibles. Ainsi, quant à l'établissement d'une servitude, on appliquera les dispositions contenues dans les art. 690 à 696 du Code Nap. quelle que soit la nationalité du propriétaire qui y prétend. De même la propriété ne sera acquise à l'étranger par occupation, invention ou accession que conformément à la loi française. Nous en dirons autant de l'acquisition par prescription : l'étranger deviendra propriétaire d'un immeuble par une possession de trente, vingt ou dix ans, d'après les distinctions faites par le Code Napoléon ; il deviendra propriétaire d'un meuble par la seule possession, conformément à l'art. 2279 du même Code (3).

Parmi les manières dont on acquiert la propriété, la loi range (art. 711 du Code Nap.) les successions, les testaments et même les contrats à titre gratuit (donations) ou onéreux. Mais nous devons, à cause de l'im-

(1) Art. 544 C. Nap.
(2) M. Demangeat, p. 328.
(3) *Conf.* Marcadé, t. 1, n° 68, et *Traité de la prescription*, art. 2219, n° 6.

portance de ces modes d'acquisition, les traiter dans des paragraphes séparés.

VII. *Successions.* — Deux hypothèses sont possibles : 1° Le *de cujus* était Français ; son parent étranger ne viendra à la succession laissée en France que s'il y est appelé par la loi française. Ce point ne fait aucune difficulté.

2° Le *de cujus* était étranger ; quelle sera la loi qui règlera la dévolution des biens laissés en France ? Quant à la succession immobilière on admet aujourd'hui d'une manière générale, qu'elle sera réglée par la loi française. En effet, la loi sur les successions est intimement liée à l'organisation sociale du pays ; elle intéresse à un haut degré l'ordre public et on peut presque dire que c'est une loi politique ; l'histoire est là pour le prouver : lorsque l'organisation sociale était dans l'enfance, ou pour mieux dire, lorsqu'il n'y avait pas encore d'organisation sociale, mais que l'homme était obligé de recourir à son épée pour la protection de sa famille, de son honneur, de sa propriété, nous voyons la femme exclue de la succession de la terre salique, précisément parce qu'elle ne portait pas les armes (1). Plus tard le droit d'aînesse reflétait bien l'ancienne société où tout était privilége. Aujourd'hui l'égalité entre héritiers n'est que l'image fidèle de l'organisation sociale de la France moderne. On le voit, il y a un intérêt public à ce que la dévolution de

(1) La *loi salique* (c'est-à-dire la règle d'après laquelle les femmes ne peuvent pas régner), n'a d'autre origine que celle-là. Les femmes ne pouvaient pas succéder à la terre salique ; on en a induit qu'elles ne pouvaient pas succéder au trône (V. sur ce point M. Laferrière, *Hist. du dr.*, t. 3, p. 176 et suiv., édit. de 1848).

la succession laissée en France par un étranger s'opère conformément à la loi française, et cela sans avoir égard à la nationalité des parents laissés par le *de cujus* : ces derniers ne viendront à la succession qu'autant qu'ils y seront appelés par la loi française et par conséquent sans aucune distinction de sexe, de primogéniture ou de la nature et de l'origine des biens (1). Cela est aujourd'hui universellement admis, en France du moins, quant aux immeubles. Quant à la succession mobilière au contraire, on décide tout autrement et la plupart des auteurs que nous avons sous les yeux, pensent que la dévolution de cette succession doit être réglée par la loi domiciliaire de l'étranger, par application de l'ancienne règle : *mobilia sequuntur domicilium personæ*. Ces auteurs apportent toutefois une restriction, en disant que cette loi ne sera appliquée que si aucun intérêt français n'en est injustement lésé, et par exemple lorsqu'il n'y aura que des cohéritiers étrangers ; ils en concluent que le prélèvement autorisé par l'art. 2 de la loi du 14 juillet 1819 pourra être exercé sur la succession mobilière aussi bien que sur la succession immobilière du *de cujus* étranger (2).

(1) *Conf.* MM. Demolombe, *Success.*, t. 1, n° 196 ; Demante, sur l'art. 3 (t. 1, n° 10) et sur l'art. 726 (t. 3, n° 33) ; Fœlix, t. 1, p. 108 et p. 125 à 130 ; Demangeat, p. 356 à 359 ; le même sur Fœlix, t. 1, p. 130 à 132 ; Soloman, 2e part., p. 39 à 41 ; Sapey, p. 200 ; Ducaurroy, Bonnier et Roustain, sur l'art. 3 (t. 1, p. 14), et sur l'art. 726 (t. 2, p. 290) ; Marcadé, sur l'art. 3 t. 1, p. 49 et suiv.).

(2) *Conf.* MM. Demolombe, *Success.*, t. 1, n°s 206 à 208 ; Demante, t. 1, n° 10 *bis*, 2, et t. 3, n° 33 *bis*, 4 ; Demangeat, p. 384 à 387, et p. 402 et 403 ; le même, sur Fœlix, p. 130 à 132 ; Soloman, 2e part., p. 41 à 43 ; Sapey, p. 201 ; Mourlon, sur l'art. 3. M. Fœlix admet (t. 1, p. 111 et suiv.), quant à la succession, la règle *mobilia sequuntur domicilium personæ*, sans faire de restriction dans l'intérêt des Français.

Il nous est impossible, après mûre réflexion, d'admettre ce système, et à notre avis, la succession mobilière laissée en France par l'étranger doit être réglée par la loi française aussi bien que sa succession immobilière. Les partisans du système contraire invoquent à leur appui trois arguments principaux, le premier tiré de ce qui avait lieu dans l'ancien droit, les deux autres de la rédaction de l'art. 3 et de l'utilité pratique de leur système. Mais ces arguments sont loin d'être décisifs et jamais doctrine ne nous a paru plus faiblement étayée que celle dont il s'agit.

En ce qui concerne d'abord la tradition de l'ancien droit, c'est fort mal à propos qu'elle est invoquée : la règle *mobilia sequuntur domicilium personæ* n'était autrefois suivie que pour l'application des diverses coutumes françaises, et par conséquent, lorsqu'il s'agissait de meubles se trouvant dans la même souveraineté où était placé le domicile ; en ce qui concernait au contraire les meubles laissés en France par des étrangers, le droit d'aubaine s'y appliquait aussi bien qu'aux immeubles. L'art. 726 du Code Nap. était conçu dans le même esprit et, d'après lui, l'étranger ne pouvait aucunement succéder en France, pas plus aux meubles qu'aux immeubles. On voit donc que la tradition constante a été d'appliquer à la succession mobilière, laissée en France par l'étranger, la loi française.

Nous admettons que cette tradition aurait pu être modifiée ; mais l'a-t-elle été ? On nous répond affirmativement ; l'intention du législateur de soumettre les meubles à la loi domiciliaire ressort, nous dit-on, du 2e alinéa de l'art. 3, car il est clair qu'en ne soumet tant à son empire que les immeubles possédés en France par l'étranger, la loi a voulu laisser au statut personnel de l'étranger le règlement de la fortune mobilière de ce dernier. On établit ainsi une véritable *fiction* par un simple argument *a contrario*. Là où il faudrait un texte formel, on tire profit du silence de la loi ; et cela, non pas pour sortir de l'exception et rentrer dans la règle, mais pour sortir de la règle et établir une nouvelle exception (1). Nous aimons mieux, nous, attribuer le silence de la loi au dédain qu'elle montre toujours pour la fortune mobilière, fort peu importante à l'époque où le Code a été rédigé. Le silence du législateur est un oubli, et non pas un calcul.

D'ailleurs les partisans du système contraire oublient trop leur rôle qui est d'interpréter la loi et non de la faire ; ils oublient que leur devise doit être : *ita lex scripta est* (2), et cette règle qu'ils déduisent *a contrario* du 2e alinéa de l'art. 3, tantôt ils l'appliquent, tantôt ils la laissent de côté, d'après des distinctions purement arbitraires et que rien ne saurait justifier. Il est même à remarquer qu'ils choisissent pour l'appliquer juste le cas d'une succession, cas dans lequel l'intérêt public exige l'application de la loi française.

(1) « L'application du statut réel repose sur le principe de la souveraineté « territoriale l'application du statut personnel n'est qu'une exception à ce « principe, déduite du consentement tacite des nations ; d'où il suit que, lors- « que le cas de l'exception n'existe pas, il faut appliquer la loi réelle. Boulle- « nois exprime en d'autres termes la même conséquence, en établissant que, « *dans le doute* sur la personnalité ou la réalité du statut, il faut le décider « réel. » C'est M. Fœlix, l'un des partisans du système que nous combattons, qui parle ainsi (t. 1, p. 105. — V. aussi ce que le même auteur dit à la page 62).

(2) Loi 12, § 1, ff., 11, 9.

voici en effet la distinction qu'ils font, telle qu'elle est formulée par M. Sapey (1) : « Il n'en est pas ainsi » (c'est-à-dire ne sont point soumis à la loi française) « des meubles, du moins lorsqu'on les considère dans « leurs rapports avec la personne qui les possède : « alors il est vrai de dire qu'ils n'ont pas de situation « particulière, et sont censés suivre le domicile de « leur propriétaire, *mobilia ossibus inhærent*, disent « les vieux auteurs dans leur énergique langage; les « meubles corporels ou incorporels sont donc régis « par le statut personnel. Mais si vous les considérez, « non plus dans leurs rapports avec la personne, et « sous le point de vue d'une transmission testamen- « taire ou *ab intestat*, d'une disposition entre-vifs ou « à cause de mort, s'il s'agit au contraire de revendi- « cation, de privilége, de gage, de confiscation, de « saisie, etc., ils retombent dans le domaine de la loi « réelle. » A ces exemples il faut ajouter le cas de déshérence, car nos adversaires admettent que, en cas pareil, la succession, même mobilière, appartiendra au fisc français, en d'autres termes, que le principe d'après lequel la succession mobilière d'un étranger est régie par sa loi personnelle, peut être invoqué par ses parents ou autres successibles, mais non par son souverain (2). On voit que nous avons eu raison de qualifier le système que nous combattons d'arbitraire et que vraiment il est impossible d'admettre une pareille interprétation de la loi. En effet, puisque l'on croit pou-

(1) P. 201.

(2) V. les auteurs cités. En ce sens un jugement du tribunal de Bordeaux, du 12 fév. 1852.

voir établir quant aux meubles un principe qui, prétend-on, résulte *a contrario* du 2e alinéa de l'art. 3, on devrait du moins le suivre d'une manière générale et sans faire des distinctions. Cette manière de raisonner serait toujours fausse dans son point de départ, mais elle serait du moins conséquente dans ses suites, tandis que les dérogations que les partisans du système contraire apportent à leur principe convertissent ce dernier en une véritable exception.

Nos adversaires prétendent, en dernier lieu, que leur système présente une grande utilité pratique, puisque les meubles n'ont pas d'assiette fixe et peuvent-être facilement déplacés. Cette considération serait peut être bonne à produire s'il s'agissait de faire la loi ; mais, nous le répétons, notre seul devoir est de l'interpréter. D'ailleurs est-elle bien concluante? On ne veut pas soumettre les meubles à la loi de leur situation, par la raison que, cette situation n'étant pas stable, la loi qui les régirait changerait souvent ; mais le domicile, par la loi duquel on veut les régler, peut, lui aussi, varier avec une grande facilité ; M. Marcadé le dit fort bien : « Puisque la soumission des meubles à « telle loi ne peut jamais être que précaire et insta- « ble, on doit reconnaître la soumission instable à la « loi du pays où ils sont, plutôt que la soumission, « instable également, à la loi du domicile. » Tel est aussi notre avis, et nous déciderons que la succession mobilière laissée en France par l'étranger sera, de même que la succesion immobilière, régie par la loi française (1).

(1) *Conf.* MM. Marcadé, t. 1, n° 78, et *Traité de la prescr.*, art. 2219, n° 6 ;

Après avoir ainsi établi que la fortune laissée en France par le *de cujus* sera dévolue à ses parents français ou étrangers conformément à la loi française (1), nous arrivons à l'explication de l'art. 2 de la loi du 14 juillet 1819, dont voici les termes :

« Dans le cas de partage d'une même succession en-
« tre des cohéritiers étrangers et français, ceux-ci pré-
« lèveront sur les biens situés en France une portion
« égale à la valeur des biens situés en pays étranger
« dont ils seraient exclus, à quelque titre que ce soit,
« en vertu des lois et coutumes locales. »

Cet article suppose 1° que le *de cujus*, Français ou étranger, laisse des biens en France et en pays étranger ; 2° qu'il a tout à la fois pour héritiers des étrangers et des Français ; son but est de rétablir, dans l'intérêt des héritiers français, l'égalité dans la succession, si cette égalité était détruite par la différence qui pourrait exister entre la loi française et la loi étrangère. Ce but, le législateur cherche à l'atteindre, autant que cela dépend de lui, en permettant aux héritiers français de prélever sur les biens laissés en France, une valeur égale à celle dont ils sont privés sur les biens laissés en pays étranger.

Nous croyons que l'art. 2 devrait être appliqué, lors même que l'exclusion subie dans le pays étranger par les héritiers français n'aurait pas pour cause l'extra-

Ducaurroy, Bonnier et Roustain, t. 1, n° 25 ; Rouen, 25 mai 1815 ; Riom, 7 avr. 1835 ; Cass. 29 août 1837 ; Cass. 17 juill. 1850.

(1) Observons toutefois qu'il faut faire la part du statut personnel, quant aux questions de capacité, et que, par exemple, la femme ou le mineur étranger devra, pour accepter valablement la succession, se conformer à sa loi personnelle et non pas à l'art. 776 C. Nap.

néité de ces derniers, et qu'elle s'appliquerait aux étrangers eux-mêmes d'après la législation de leur pays, par exemple, si cette législation consacre le droit d'aînesse (nous supposons que parmi les enfants du *de cujus* les uns sont Français et les autres étrangers). En effet, les termes de l'art. 2 sont aussi généraux que possible (1).

Nous admettons également que l'article est applicable au cas où le cohéritier français éprouve une lésion, en vertu d'un testament qui avantage le cohéritier étranger et qui, valable d'après la loi étrangère, est nul d'après la loi française. En effet, c'est *la loi ou la coutume locale* qui consacre la volonté du défunt, et au surplus, l'article suppose une exclusion *à quelque titre que ce soit.* Que si la disposition est valable tout à la fois d'après la loi étrangère et d'après la loi française, il n'y aura pas lieu à l'application de l'art. 2, car dans ce cas l'étranger se trouve avantagé aussi bien par application de la loi française que par application de la loi étrangère (2).

L'art. 2 suppose un partage *entre des cohéritiers étrangers et français ;* nous devons en conclure qu'il n'est plus applicable : 1° lorsque ce sont des Français qui, par l'effet de la loi étrangère, excluent du partage des biens situés en pays étranger leurs cohéritiers français. En effet, les deux articles de la loi de 1819 doivent être combinés ensemble ; c'est aux étrangers que l'art. 1 accorde le droit de succéder, droit qu'ils

(1) *Conf.* MM. Demolombe, *Success.*, t. 1, n° 199 ; Demante, t. 3, n° 33 *bis*, 2 ; Ducaurroy, Bonnier et Roustain, t. 2, n° 420 ; Marcadé, t. 3, n° 60 *bis*.

(2) *Conf.* M. Demolombe, *Success.*, t. 1, n° 200.

n'avaient pas auparavant; c'est donc à leur égard seulement que l'art. 2 apporte une restriction. Cette restriction, au contraire, ne peut pas frapper les héritiers français qui n'ont reçu de la loi aucune faveur. D'ailleurs, dans notre hypothèse, ce qui est perdu par certains Français est gagné par d'autres (1).

2° Lorsque tous les cohéritiers sont étrangers. En effet, la loi n'a voulu établir l'égalité que dans l'intérêt des héritiers français (2).

Quant à la question de savoir si ce prélèvement pourra être exercé sur les meubles laissés en France aussi bien que sur les immeubles, l'affirmative n'est pas douteuse pour nous, puisque nous avons admis que la loi française régit les meubles comme les immeubles dans toute l'étendue du territoire (3).

VIII. *Donations. Testaments.* — Ici, comme toujours, il faut faire la distinction entre ce qui est de statut personnel et ce qui est de statut réel; mais cette distinction présente beaucoup de difficultés.

Quant à la question de savoir l'âge à partir duquel un individu étranger peut disposer par donation ou testament, on ne saurait mettre sérieusement en doute que c'est le statut personnel qui doit être appliqué, il y a là, en effet, une véritable question de capacité. Ainsi, si la loi de l'étranger ne lui permet de tester que lorsqu'il aura atteint sa majorité, il ne pourra pas tester avant cette époque, quoique la loi française per-

(1) *Contrà*, MM. Demante, t. 3, n° 33 *bis*, 3; Demolombe, *Success.*, t. 1, n° 203 *bis*.

(2) *Conf.* M. Demolombe, *Success.*, t. 1, n° 203.

(3) *Conf.* MM. Ducaurroy, Bonnier et Roustain, t. 2, n° 421.

mette au mineur âgé de seize ans de disposer par testament d'une partie de ses biens (1), et à l'inverse, l'étranger mineur de seize ans pourra tester en France si sa loi personnelle le lui permet. De même, quoique l'art. 1095 du Code Nap. permette au mineur de donner par son contrat de mariage à son conjoint tout ce qu'il aurait pu lui donner s'il était majeur, pourvu qu'il le fasse avec le consentement et l'assistance de ceux dont le consentement est requis pour la validité de son mariage, l'époux étranger ne pourra pas, si sa loi personnelle ne contient pas une disposition semblable, faire une donation aux conditions posées par cet article. De même la question de savoir à quelles conditions la femme pourra donner ou tester est une question de statut personnel (2). Sur ces points tout le monde est d'accord (3).

D'un autre côté on admet presque généralement que les règles sur la quotité disponible (4) sont de statut réel et qu'on doit à cet égard appliquer à l'étranger qui veut disposer par donation ou testament des biens qu'il a en France, la loi française. Et cette manière de voir est très-juste, car les règles de la loi sur la réserve, sont un complément du système des successions *ab*

(1) Art. 903 et 904 C. Nap.

(2) Art. 905 C. Nap. Les art. 934 et 935 C. Nap. sont également des statuts personnels.

(3) MM. Sapey, p. 192 à 194 ; Demante, t. 1, n° 10 *bis*, 4 ; Marcadé, t. 1, n° 73 ; Soloman, 2e part. p. 58 ; Demangeat, sur Fœlix, t. 1, p. 63, la [illegible]te *a*. M. Fœlix commet, quant aux art. 903 et 904, une véritable contradiction : à la page 62 du t. 1, il les range parmi les statuts réels, tandis qu'à la page 180 du même volume, il les considère comme de statut personnel. Cette contradiction est relevée par son annotateur, M. Demangeat (p. 181, la note *a*).

(4) Art. 913 et suiv. du C. Nap.

intestat ; la loi veut que certains héritiers ne puissent pas être entièrement privés de la succession : elle veut qu'une partie des biens leur parvienne quand même et malgré la volonté du disposant ; ce n'est pas ce dernier qui est déclaré incapable, ce sont les biens qui sont déclarés indisponibles ; ce qui le prouve c'est que la partie réservée est plus considérable à raison du plus grand nombre des héritiers auxquels elle est destinée, et l'on conçoit facilement que la présence et le nombre de certaines personnes ne saurait influer sur une véritable question de capacité (1).

Ces mêmes raisons nous déterminent à voir un statut réel dans l'art. 908 du Code Nap., aux termes duquel « les enfants naturels ne peuvent par donation entre-« vifs ou par testament, rien recevoir au delà de ce qui « leur est accordé au titre *des successions.* » M. Demangeat (2) est d'un avis contraire, et d'après lui, cet article est relatif à une véritable question de capacité et constitue par conséquent un statut personnel ; mais la manière de voir du savant professeur nous paraît ici erronée. Pour pouvoir reconnaître avec sûreté le caractère personnel ou réel d'une disposition législative, il faut, nous l'avons déjà dit, se demander quel est le but prédominant et direct de la loi : or le but de l'art. 908 quel est-il ? L'esprit général de la loi, en ce qui concerne les enfants naturels, nous l'indique. Le système du Code à cet égard s'éloigne également de l'ancienne législation, qui refusait aux enfants naturels tout droit à la

(1) MM. Marcadé, t. 1, n° 70 ; Fœlix, t. 1, p. 109 ; Demangeat, p. 340 ; Soloman, 2e part., p. 41 ; Demante, t. 1, n° 10 *bis*, 4.

(2) Sur Fœlix, t. 1, p. 108, la note *a*.

succession de leurs père et mère (1), et de la législation intermédiaire qui accordait à ces enfants les mêmes droits de successibilité qu'aux enfants légitimes (2). Le Code, adoptant un juste milieu entre ces deux systèmes, dont le premier péchait par sa rigueur et le second par une indulgence scandaleuse, accorde aux enfants naturels, sur les biens des père et mère qui les ont reconnus, une quote-part de ce qu'ils auraient eu s'ils avaient été légitimes, et cette quote-part est plus ou moins considérable, suivant la qualité des héritiers avec lesquels ils doivent concourir. A défaut d'héritiers, la loi leur attribue le tout (3).

Mais les restrictions ainsi apportées par le Code au droit des enfants naturels seraient tout à fait illusoires si le père ou la mère pouvait, par donation ou legs, leur laisser une part plus grande que celle qui est déterminée par la loi ; et c'est pour empêcher un pareil subterfuge, c'est pour garantir la famille légitime contre l'entraînement qui pourrait amener le père ou la mère à gratifier l'enfant naturel au delà des limites posées par la loi, que l'art. 908 a été rédigé. Ce qui prouve que la loi n'a eu en vue que l'intérêt de la famille légitime, c'est la vocation entière des enfants naturels à défaut de parents au degré successible. Comment ferait-on pour voir dans l'art. 908 une question de capacité ? Il y a bien plutôt une question de disponibilité : « Quant aux enfants naturels sim-

(1) Pothier, *Success.*, ch. 1, § 3.
(2) Décret du 14 juin 1793 ; loi du 12 brum. an 2.
(3) Art. 756 à 758 C. Nap.

« ples, dit M. Demante (1), le *quantum* des donations « ou des legs qui auront pu leur être faits se détermi- « nera à la mort du donateur ou testateur, selon qu'il « aura ou non des héritiers légitimes et suivant la qua- « lité de ces héritiers. C'est ce qui nous autorise à dire « que la disposition de notre article quoique énoncée « ici comme règle de capacité, n'est en réalité qu'une « règle de disponibilité qui n'a trait, comme telle, qu'au « temps de la mort du donateur ou testateur. »

Si donc on admet, ainsi que nous croyons l'avoir établi, que le but principal de l'art. 908 est de conserver les biens dans la famille légitime, on sera bien forcé d'admettre que cet article est de statut réel et s'applique par conséquent à l'étranger qui laisse des biens en France (2).

La question de savoir à quelle classe de statuts appartient l'art. 909, qui déclare que les chirurgiens, médecins, officiers de santé, ministres du culte ne pourront pas profiter des donations ou legs que la personne qu'ils auront traitée ou assistée pendant la maladie dont elle meurt leur a faits dans le cours de cette maladie ; cette question, disons-nous, présente un peu plus de difficulté. M. Demangeat range encore cet article parmi les statuts personnels (3). « Cette « prohibition, dit-il, n'a point pour but de conserver « un bien, une partie de la fortune du malade dans « sa famille, puisque ce malade est en principe par- « faitement capable de donner ; elle a seulement pour

(1) T. 4, n° 28 *bis*, 1.
(2) *Conf.* MM. Marcadé, t. 1, n° 71 ; Demante, t. 1, 10 *bis*, 4.
(3) P. 576 et 577 ; le même, sur Fœlix, t. 1, p. 108, la note *a*.

« but de le protéger contre lui-même, et nulle loi ne « sait mieux que sa loi personnelle de quelle protec- « tion il a besoin. » Cette manière de raisonner est spécieuse, mais elle n'est guère fondée : ce qui prouve que le législateur a eu pour but de conserver les biens dans la famille et non de protéger le malade contre lui-même, c'est que c'est précisément dans le cas où ce dernier vient à mourir que la disposition ne produira pas d'effet, et que, s'il échappe à la mort, l'art. 909 ne sera plus applicable : le disposant aura il est vrai la faculté de révoquer le legs ou d'attaquer la donation pour captation, mais ce dernier moyen est loin de présenter le même avantage que celui qui résulte pour les héritiers de l'art. 909. Nous ne pouvons pas d'ailleurs voir une question d'incapacité dans un cas où le sort de la disposition dépend d'un événement ultérieur, la mort du disposant, et même (en cas de mort) de la composition de la famille de ce dernier au moment du décès, si, ainsi que le suppose le 2° de l'art. 909, la disposition a été faite au profit d'un parent qui a traité ou assisté le *de cujus* pendant sa maladie.

Nous rangerons donc également l'art. 909 parmi les statuts réels. Même décision en ce qui concerne les art. 1094 et 1098 (1). Dans tous ces cas, si le législateur ne protége la famille que contre certaines personnes seulement, c'est que les liens qui unissent ces personnes avec le disposant, l'influence qu'elles peuvent acquérir sur son esprit par suite des soins qu'elles

(1) *Conf.* Demante, t. 1, n° 10 *bis*, 4 ; Fœlix, t. 1, p. 199.

lui donnent, font craindre qu'il ne dépouille trop facilement sa famille en leur faveur. Si le législateur ne prend pas les mêmes précautions à l'égard de tout le monde, c'est que le même danger n'est pas à craindre à l'égard d'un étranger que le disposant préférera rarement à sa famille ; en un mot, *lex arctius prohibet quod facilius fieri putat.*

Terminons par deux observations : 1° On doit appliquer, quant aux donations de biens situés en France, quelle que soit la nationalité des parties, le principe de l'irrévocabilité des donations et les exceptions apportées par la loi française à cette règle; car en cette matière les dispositions du Code sont impératives. 2° Quant aux questions d'interprétation de la volonté du testateur, on devra s'attacher à sa loi personnelle, car c'est à cette loi que, selon toute probabilité, il a voulu se référer (1).

IX. *Contrats.* — Pour tout ce qui regarde la capacité de contracter, nous n'avons qu'à renvoyer aux principes déjà formulés et d'après lesquels il faut appliquer à chacun des contractants sa loi personnelle. Toutefois, plusieurs auteurs apportent, dans l'intérêt des Français, une restriction à cette règle et décident que si un Français, de bonne foi, contracte avec un étranger, incapable d'après sa loi personnelle, mais capable d'après la loi française, l'étranger ne pourra pas se faire restituer contre son obligation (2). Cette

(1) *Conf.* MM. Demangeat, p. 240 ; Fœlix, 1, p. 239 à 243. En ce qui concerne les donations entre-vifs, il faudra appliquer pour l'interprétation de la volonté des parties les règles, que nous exposerons dans le paragraphe suivant.

(2) V. MM. Demangeat, p. 373 et 374; Soloman, 2e part., p. 56 et 57; Valette,

distinction nous paraît purement arbitraire, et nous ne voyons dans la loi rien qui l'autorise. Le Français, dit-on pour la soutenir, ne peut pas être tenu de connaître la loi étrangère ; mais pourquoi veut-on que l'étranger connaisse la loi française ? Est-ce que son inexpérience, du moins présumée (puisque sa loi le déclare incapable), n'excuse pas son ignorance à cet égard ? Il nous semble que l'on fait ici trop bon marché du principe que chacun doit connaître la condition de celui avec lequel il contracte. Ce Français, personne ne le forçait de traiter, il devait prendre des renseignements sur l'étranger, et rien n'excuse sa négligence puisqu'il est capable ; qu'il subisse donc la peine de sa trop grande confiance. « La simple déclaration de « majorité faite par le mineur ne fait point obstacle « à sa restitution ; » cette règle se trouve dans l'art. 1307 du Code Nap. et nous en demandons l'application au profit de l'étranger incapable, de même que nous ne ferons aucune difficulté pour reconnaître que celle de l'art. 1310 lui est également applicable et que « il n'est point restituable contre les obligations « résultant de son délit ou quasi-délit (1). »

En ce qui concerne les parties du contrat laissées à la libre volonté des contractants, on devra, en cas de silence de ces derniers, interpréter leur volonté ainsi qu'il suit :

sur Proudhon, 1, p. 85 et 86 ; le même, explication sommaire du livre 1, du Code Napoléon, p. 5.—V. en ce sens un arrêt de la Cour de Paris, du 15 oct. 1834 (Sirey, 1834, 2, 657).

(1) *Conf.* M. Fœlix, t. 1, p. 181 à 186 ; M. Demangeat (sur Fœlix, t. 1, p. 186, la note *a*) paraît avoir abandonné le système qu'il avait enseigné dans son livre *sur la condition des étrangers*.

1° Si le contrat est intervenu, même en France, entre deux étrangers appartenant au même pays, c'est d'après la loi de ce pays qu'il doit être interprété, car c'est à elle que les contractants ont probablement voulu se référer.

2° Si le contrat est intervenu entre un Français et un étranger ou entre deux étrangers n'appartenant pas au même pays, alors, comme il n'y a pas de raison pour appliquer la loi de l'une des parties plutôt que celle de l'autre, c'est à la loi du lieu où il a été passé qu'il faudra s'arrêter et, par conséquent, à la loi française, s'il a été passé en France.

Ces principes sont aujourd'hui généralement admis (1) ; mais, comme l'observe M. Demante, il faut en limiter l'application aux contrats « en tant que « source d'obligation, » car « en tant que cause d'aliénation, » ils sont toujours régis par la loi de la situation des biens. Ainsi, s'il s'agit de la vente d'un immeuble situé en France, consentie entre deux étrangers, la propriété sera transférée conformément aux art. 1138 et 1583 du Code Nap., entre les parties, et conformément à la loi du 23 mars 1855, à l'égard des tiers (2).

Une autre observation à faire, c'est que la volonté expresse des parties ou, ce qui revient au même, la loi à

(1) *Conf.* notamment MM. Fœlix, t. 1, p. 202 et suiv.; Demangeat, p. 353 et 354.

(2) *Conf.* MM. Demante, t. 1, n° 10 *bis*, 5; Fœlix, t. 1, p. 211. M. Demangeat, (p. 343 et 344), croit que l'art. 1138 ne s'appliquera pas entre deux étrangers, car, dit-il, il n'est qu'une règle d'interprétation de volonté; pourtant, dans ses notes sur Fœlix (t. 1, p. 212, la note *b*), il approuve le système enseigné par ce dernier.

laquelle elles sont présumées avoir voulu se référer, ne sera respectée en France qu'autant qu'elle ne contiendra rien d'illicite aux yeux de la loi française : ainsi la clause de réméré contenue dans la vente, passée entre étrangers, d'un immeuble situé en France, ne devra pas excéder le terme de cinq années fixé par l'art. 1660 du Code Napoléon, lors même que la loi étrangère permettrait qu'elle fût stipulée pour un délai plus long (1).

De même, dans l'intérêt de l'ordre public qui n'aurait qu'à souffrir de l'instabilité de la propriété, la loi française n'autorise la rescision de la vente d'un immeuble pour cause de lésion qu'en faveur du vendeur, pour une lésion de plus de sept douzièmes et pendant deux années seulement à partir du jour de la vente (2). Eh bien ! s'il s'agit de la vente, consentie entre étrangers, d'un immeuble situé en France, elle ne pourra être attaquée pour cause de lésion que conformément à la loi française (3).

En supposant une obligation existant entre un Français et un étranger, par quelle loi sera réglementée la prescription de cette obligation ? Nous pensons qu'elle doit l'être par la loi du lieu où la convention a été formée, et par conséquent par la loi française si elle a été passée en France, car il est probable que c'est à cette loi que les parties ont voulu se référer (4).

(1) Conf. M. Demangeat, p. 528.

(2) Art. 1674 et suiv. C. Nap.

(3) *Conf.* M. Fœlix, t. 1, p. 198. M. Demangeat (*eod. loc.*, note *a*), pense que la question doit être décidée par la loi étrangère.

(4) *Conf.* M. Demangeat, p. 558. V. dans M. Fœlix (1, p. 218 et suiv.) l'exposé des différents systèmes auxquels cette question a donné lieu. — V.

X. *Contrat de mariage.* — Le législateur français pose à cet égard la règle suivante (1) : « La loi ne régit « l'association conjugale, quant aux biens, qu'à défaut « de conventions spéciales, que les époux peuvent faire « comme ils le jugent à propos, pourvu qu'elles ne « soient pas contraires aux bonnes mœurs. » Cette règle devra être appliquée aux conjoints étrangers et la plus entière liberté leur être laissée quant au règlement de leurs relations pécuniaires en France, sous les seules restrictions apportées dans l'intérêt de l'ordre public et des bonnes mœurs. Que si les époux n'ont pas fait de contrat ou si, dans le contrat qu'ils ont fait, ils ont omis de réglementer un point quelconque du régime matrimonial, ce régime, ou le point oublié, sera réglé par la loi personnelle du mari au moment du mariage. Il est en effet raisonnable de penser que les époux, en gardant le silence relativement à l'association conjugale quant aux biens, ont eu l'intention de la soumettre à leur loi personnelle ; or cette loi est celle du mari, qui communique à la femme sa nationalité. Sur ce point on est généralement d'accord (2). Mais quelques personnes, tout en admettant ce principe, y apportent une restriction en disant que, à l'égard des immeubles situés en France, c'est la loi française qui régira, même entre étrangers, tout ce qui est relatif au régime dotal (3).

aussi Marcadé, *Traité de la prescription*, art. 2219, n° 6 ; cet auteur soutient que c'est la loi du domicile du débiteur qui doit être suivie.

(1) Art. 1387 C. Nap.

(2) *Conf.* MM. Fœlix, t. 1, p. 188 et suiv. ; Demangeat, p. 377 ; Soloman, 2e part. p. 38.

(3) V. notamment MM. Fœlix, t. 1, p. 110, et Marcadé, t. 1, n° 72.

La portée aussi bien que les motifs de cette décision ne nous paraissent pas bien clairs. Quant à sa portée, il nous semble que la pensée des auteurs qui la soutiennent est d'admettre, en cas de silence des époux, le régime dotal comme régime légal, si la loi du mari le décide ainsi, mais d'appliquer la loi française pour déterminer quels biens seront dotaux et quelle sera la condition de ces biens. Quant aux motifs de cette décision, ils nous touchent fort peu. En effet, puisqu'on admet en principe que la volonté expresse ou tacite des parties est ici toute-puissante et que c'est leur loi personnelle qui doit suppléer à leur silence, il y a une grande inconséquence à excepter le cas du régime dotal sous prétexte d'une application de l'art. 3, article qui ne peut pas être invoqué toutes les fois qu'il s'agit d'une question d'interprétation de volonté. Si les parties avaient fait transcrire, dans leur contrat de mariage, les dispositions de leur statut personnel sur le régime dotal, on serait bien obligé d'en admettre l'application quant aux immeubles situés en France; et parce qu'elles ont gardé le silence, elles verront leurs biens soumis à des règles auxquelles elles n'ont même pas pensé! Nous aimons mieux, pour notre part, nous tenir au principe posé, et décider, sans autre exception que celles réclamées par l'intérêt de l'ordre public et des bonnes mœurs, que, à défaut de contrat, l'association conjugale quant aux biens sera régie *vi tacitæ conventionis* par le statut personnel du mari au moment du mariage (1).

(1) *Conf.* M. Demangeat, p. 377 à 379; le même, sur Fœlix, t. 1, p. 194, la note *a*.

XI. *Hypothèques.* — C'est le statut réel qu'il faudra appliquer pour déterminer la nature de l'hypothèque, l'étendue des droits qu'elle confère, le mode de conservation, le rang des créanciers hypothécaires, etc. Ainsi, quelle que soit la nationalité du créancier hypothécaire ou du propriétaire de l'immeuble hypothéqué, l'hypothèque sera indivisible (1); elle donnera au créancier le droit de préférence et le droit de suite et devra être conservée par l'inscription. Mais, en cette matière, trois questions se présentent, dont deux ont été résolues par le Code Napoléon, tandis que la troisième ne l'a été par aucun texte. Elles ont trait à chacune des trois espèces d'hypothèques (conventionnelle, judiciaire ou légale) : 1° L'hypothèque conventionnelle peut-elle résulter d'un acte passé en pays étranger? 2° L'hypothèque judiciaire peut-elle résulter d'un jugement rendu par un tribunal étranger? 3° La femme étrangère et le mineur étranger ont-ils une hypothèque légale sur les immeubles que le mari ou le tuteur possède en France?

Nous réservons les deux premières questions pour les traiter plus tard, l'une dans la section relative à la forme des actes, et l'autre dans le chapitre relatif à l'administration de la justice. Pour le moment nous allons nous borner à l'examen de la troisième.

Il faut, à cet égard, supposer un mariage entre un étranger et une femme étrangère ou française; que ce mariage ait été célébré en France ou en pays étranger, peu importe. La femme aura-t-elle sur les immeubles

(1) Art. 2114 C. Nap.

que son mari possède en France l'hypothèque légale? De même, si le tuteur d'un mineur étranger est propriétaire d'immeubles en France, le mineur aura-t-il une hypothèque légale sur ces immeubles? Les systèmes proposés peuvent être réduits à trois :

Les uns voient dans l'hypothèque légale un droit réservé aux citoyens et la refusent d'une manière absolue à la femme ou au mineur étranger, à moins qu'un traité entre la France et le pays auquel ces personnes appartiennent ne contienne une stipulation contraire (1). Ce système repose, on le voit, sur l'interprétation erronée de l'art. 11 que nous avons déjà combattue.

D'autres, adoptant un système diamétralement opposé, accordent toujours l'hypothèque légale à la femme et au mineur étrangers (2).

Dans une troisième opinion enfin, on soutient que l'hypothèque légale de la femme ou du mineur dépend du statut personnel et que, par conséquent, elle ne grèvera les immeubles possédés en France par le mari ou le tuteur que si elle est également établie par la loi étrangère (1). Ce dernier système nous paraît seul admissible. Nous avons vu en effet que c'est la loi étrangère qui règle les rapports pécuniaires des époux étrangers, que c'est elle qui régit les rapports entre le mineur étranger et son tuteur; c'est donc à la loi qui

(1) *Conf.* MM. Sapey, p. 225 et 226; Soloman, 2e part., p. 61 et suiv. M. Paul Pont, en exposant dans son *Traité des privil. et hypoth.* (t. 1, n° 433), les différents systèmes auxquels notre question a donné lieu, cite, comme deux opinions distinctes, celle qui refuse l'hypothèque légale et celle qui ne l'accorde que dans le cas de réciprocité diplomatique; mais il nous semble qu'il y a là un seul et même système.

(2) M. Paul Pont, *Privil. et hypoth.*, t. 1, nos 433 et 489.

(3) *Conf.* M. Demangeat, p. 380; le même, sur Fœlix, t. 1, p. 136, la note *a*.

fait naître la créance qu'il appartient de la sanctionner : la loi française, considérant que la femme et le mineur sont incapables de protéger leurs droits éventuels en stipulant une hypothèque, la leur accorde elle-même, en leur défendant même d'y renoncer (1) ; elle a ici égard à l'état et à la capacité des personnes, et l'hypothèque qu'elle leur confère est, comme on l'a dit, « *un correctif à leur incapacité.* » Or, si tel est l'esprit qui a dicté cette disposition au législateur français, n'est-il pas évident qu'on doit s'en rapporter, en ce qui concerne les femmes et les mineurs étrangers, à la loi étrangère? Est-ce que cette loi n'est pas, mieux que toute autre, à même d'apprécier les mesures nécessaires à la protection de ces incapables? Et ne serait-il pas injuste de grever d'une hypothèque les immeubles français d'un mari ou d'un tuteur duquel la loi étrangère a déjà exigé une autre garantie, par exemple une caution? Quant à l'objection qu'on soulève en disant qu'il serait contraire à la dignité de la France de permettre qu'une loi étrangère vienne établir une hypothèque légale sur des immeubles français, elle n'est guère fondée; car. s'il est prouvé que l'intention du législateur français est d'admettre sur ce point l'application de la loi étrangère, il devient évident que cette loi ne produit d'effet que par la toute-puissance de la loi française.

(1) Art. 2140 C. Nap.

SECTION II.

De la loi qui régit la forme des actes.

Il s'agit ici, comme nous l'avons déjà dit, des formalités purement externes et dont le but est de constater la volonté ou le consentement d'une personne. Ainsi, la loi française reconnaît à l'étranger le droit de se marier, d'aliéner ou hypothéquer les immeubles qu'il possède en France, etc., et nous avons vu les distinctions qu'il faut faire pour reconnaître quelle est la loi qui doit régir l'exercice de ces différents droits, quant au fond. Mais cet exercice doit être constaté au moyen de certaines manifestations extérieures, et, par exemple, au moyen d'un écrit authentique ou sous seing privé : D'après quelle loi réglerons-nous les formes à suivre pour cette constatation? A cet égard, la loi française a admis un principe que son utilité pratique a fait adopter par la plupart des législations, et qu'on a l'habitude d'exprimer par ce brocard latin : *Locus regit actum*, c'est-à-dire « la « forme extérieure d'un acte est réglée par les lois du « lieu où il est passé, quelle que soit la nationalité

« des parties ou la situation des biens dont elles dis-« posent. »

Cette règle ne se trouve pas formulée dans le Code d'une manière générale, car l'article du projet qui la contenait fut écarté, d'un côté par ce qu'il pouvait donner lieu à des interprétations extensives en dehors de la pensée du rédacteur, et d'un autre côté parce qu'il consacrait une maxime tellement notoire qu'elle n'avait pas besoin d'une sanction expresse. Mais ces motifs mêmes indiquent que l'intention du législateur a été d'admettre cette règle renfermée dans de justes limites; d'ailleurs, il en a fait lui-même application à différents cas particuliers. Ainsi, d'abord l'art. 47 du Code Napoléon déclare que « tout acte de l'état civil « des Français et des étrangers, fait en pays étranger, « fera foi, s'il a été rédigé dans les formes usitées « dans ledit pays. » De même, dans l'art. 170 du Code, il est dit : « Le mariage contracté en pays « étranger entre Français et entre Français et étran-« gers, sera valable, s'il a été célébré dans les formes « usitées dans le pays. » En troisième lieu, l'art. 999 est ainsi conçu : « Un Français qui se trouvera en pays « étranger pourra faire ses dispositions testamentaires « par acte sous signature privée, ainsi qu'il est pres-« crit en l'art. 970, ou par acte authentique, avec « les formes usitées dans le lieu où cet acte sera « passé. »

Ces différents textes établissent clairement la pensée du législateur. Et l'on admet aujourd'hui presque généralement que cette règle *locus regit actum*, ayant été introduite dans l'intérêt des parties, est purement facultative et que, par conséquent, l'acte passé à l'étranger suivant les formes prescrites dans la patrie sera valable (1) ; ainsi, nous pensons que le testament fait en France par un étranger avec les formes prescrites par la loi de son pays devra être considéré comme valable. Et en effet, l'art. 999 donne au Français la faculté de tester en pays étranger dans la forme olographe, conformément à la loi française : or la justice exige qu'on admette la réciproque en faveur de l'étranger qui voudrait tester en France ; autrement les nations étrangères pourraient user de représailles et considérer comme nul, quant aux biens situés sur leur territoire, le testament fait par un Français, conformément à la loi française.

D'un autre côté, l'application de la règle doit être restreinte dans de justes limites : ainsi, si un étranger (2), propriétaire d'un immeuble situé en France, veut l'aliéner par donation entre-vifs, nous croyons que sa donation doit être faite dans la forme authentique et avec l'acceptation expresse du donataire, quel que soit le lieu de la passation de l'acte. En effet, l'authenticité de l'acte est ici exigée par la loi française, non pas seulement comme moyen de preuve, mais encore comme un élément constitutif du contrat, et il en est de même de la mention expresse de l'acceptation (3). Mais quant aux circonstances dont l'authen-

(1) *Conf.* MM. Fœlix, t. 1, p. 165 et suiv.; Soloman, 2e part., p. 105, la note; Sapey, p. 199 ; C. de cass. Rej. 19 mai 1830 (Sirey, 1830, 1, 325).

(2) La question est la même pour le Français.

(3) Art. 893 et 894 du C. Nap.

ticité de l'acte devra résulter, on s'attachera aux lois du lieu de sa rédaction, et la donation sera valable si elle est faite suivant les formes prescrites par cette loi pour les actes authentiques (1).

Mais, parmi ces droits pour la constitution desquels la loi exige un acte authentique, il en est un qui ne peut pas résulter d'un acte, même authentique, passé en pays étranger : c'est le droit d'hypothèque conventionnelle. Voici à cet égard le texte de l'art. 2128 du Code Napoléon : « Les contrats passés en pays étranger « ne peuvent donner d'hypothèque sur les biens de « France, s'il n'y a des dispositions contraires à ce « principe dans les lois politiques ou dans les trai- « tés (2). » Ainsi, le propriétaire d'un immeuble situé en France pourrait, par un acte passé en pays étranger, l'aliéner, le grever d'un usufruit ou d'une servitude ; il ne pourra pas l'hypothéquer !

Cette disposition est généralement critiquée ; elle est le résultat d'une confusion regrettable. Dans l'ancien droit, tout acte exécutoire emportait de plein droit hypothèque : on était donc arrivé à confondre deux choses essentiellement distinctes, l'hypothèque et la force exécutoire de l'acte, et à dire que les actes qui n'étaient pas exécutoires ne conféraient aucune hypothèque. C'est par suite de cette confusion qu'on refusait de reconnaître le droit d'hypothèque stipulé dans un

(1) *Conf.* MM. Fœlix, t. 1, p. 157, 410 et suiv.; Demangeat, p. 342, 387 et 388 ; Soloman, 2e part., p. 105. — *Contrà*, M. Marcadé, t. 1, nº 79, qui pense que la donation peut être faite en pays étranger, par acte sous seing privé, si la loi de ce pays le permet.

(2) V. également l'art. 546 C. pr.

acte public reçu en pays étranger, puisque, disait-on, cet acte n'avait aucune force exécutoire en France. L'ordonnance de 1629 contenait à cet égard, dans son art. 121, la disposition suivante : « Les contrats « ou obligations reçus ès royaumes et souverainetés « étrangères, pour quelque cause que ce soit, n'au- « ront aucune hypothèque ni exécution en France, « mais tiendront les contrats lieu de simples pro- « messes. »

Le Code civil, lui, est tombé dans la même erreur, d'autant moins excusable que, dans les nouveaux principes, l'acte notarié ne confère plus l'hypothèque de plein droit et sans une convention spéciale, et qu'on ne peut pas, par conséquent, dire aujourd'hui que tout acte exécutoire emporte hypothèque. Cette confusion entre la constitution du droit et l'exécution est, nous le répétons, regrettable, car elle porte atteinte au crédit des individus. Il aurait sans doute été beaucoup plus rationnel de reconnaître l'existence de l'hypothèque consentie en pays étranger, sauf à exiger pour l'exécution que la formule exécutoire fût apposée à l'acte par un tribunal français. Au contraire, le système du Code refuse tout effet à la stipulation de l'hypothèque faite en pays étranger ; le créancier ne pourra donc prendre aucune inscription en France en vertu de son contrat; s'il s'adresse à un tribunal français, ce ne sera pas pour obtenir une ordonnance d'exécution, mais pour faire prononcer contre son débiteur un jugement de condamnation qui emportera hypothèque judiciaire et générale ; l'hypothèque procédera ainsi du jugement français, et non pas de l'acte passé en pays étranger ; elle sera judiciaire, et non pas conventionnelle (1).

Dans le cas où une loi politique ou un traité aura dérogé au principe posé dans l'art. 2128, on s'en rapportera au texte pour connaître l'étendue de la dérogation. Mais si la loi ou le traité dit simplement que les contrats passés dans tel pays étranger donneront hypothèque en France, bornerons-nous l'effet de cette clause aux membres de la nation sur le territoire de laquelle le contrat constitutif d'hypothèque a été passé? M. Paul Pont (2) le pense ainsi : « Le contrat, dit-il, « en se plaçant dans cette hypothèse, quoique passé « à l'étranger, permettra au créancier, pourvu qu'il « appartienne à la nation sur le territoire de laquelle « l'hypothèque a été constituée, et non à une autre au « profit de laquelle il n'y aurait pas les traités ou les « lois politiques dont nous supposons l'existence, de « prendre inscription sur les immeubles de son débi- « teur situés en France. » Nous croyons que le savant auteur n'est pas ici dans le vrai : le motif pour lequel l'art. 2128 a refusé de reconnaître la validité des hypothèques consenties devant des officiers publics étrangers a été, non pas une incapacité résultant de l'extranéité des parties, puisque les étrangers sont capables d'avoir le droit d'hypothèque et que d'ailleurs l'art. 2128 est également applicable aux Français,

(1) MM. Soloman 2e part., p. 105 à 108 ; Sapey, p. 224 et 225; Paul Pont, *Privil. et hypoth.*, t. 2, nos 666 et 667; Fœlix, t. 2, p. 218 et 219; Mourlon, t. 3, sur l'art. 2128 ; Boitard, *Proc. civ.*, t. 2, no 802, *in fine* ; Demangeat, p. 347 à 350.

(2) *Loc. cit.*

mais une incapacité dans la personne de l'officier public étranger; or une fois que cet officier tient de la France le droit de recevoir avec effet des actes constitutifs d'hypothèques, nous ne voyons pas pour quelle raison on bornerait le bénéfice de la clause aux seuls membres de la nation à laquelle appartient l'officier habilité.

CHAPITRE III.

DE LA CONDITION DE L'ÉTRANGER EN FRANCE AU POINT DE VUE DE L'ADMINISTRATION DE LA JUSTICE.

Pour bien établir à cet égard la condition de l'étranger nous devrons résoudre deux questions différentes. Nous nous demanderons d'abord quelle est la situation faite aux étrangers devant les tribunaux français. Nous rechercherons ensuite quelle est l'autorité qu'obtiennent en France les jugements rendus par les tribunaux étrangers. L'examen de ces deux questions fera l'objet des deux sections qui suivent.

SECTION I.

De la position des étrangers devant les tribunaux français.

Trois hypothèses peuvent se présenter. En effet il se peut : 1° que l'étranger soit demandeur et que le défendeur soit un Français ; 2° que l'étranger soit défendeur et que le demandeur soit un Français ; 3° que la contestation surgisse entre deux étrangers.

I. *De l'étranger demandeur contre un Français.* — L'art. 15 du C. Nap. consacre d'une manière formelle le droit pour l'étranger de poursuivre devant un tribunal de France son débiteur français : « Un Français, « dit-il, pourra être traduit devant un tribunal de « France pour des obligations par lui contractées en « pays étranger, même avec un étranger. » Le Code prévoit le seul cas qui eut pu faire doute et il va de soi que le même droit appartient à l'étranger lorsqu'il s'agit d'une obligation contractée en France. En un mot, il n'est nullement dérogé ici aux principes du droit commun et à la maxime *actor sequitur forum rei :* on appliquera donc l'art. 59 du C. de proc. pour déterminer le tribunal devant lequel l'action devra être portée.

Nous croyons que le Code en parlant seulement des obligations « *contractées* » n'a pas eu l'intention de circonscrire sa disposition aux seules obligations résultant de conventions, et que la règle qu'il pose doit être suivie, de quelque cause que provienne l'obligation du Français envers l'étranger. Le législateur a prévu le cas le plus fréquent et d'ailleurs nous le voyons lui-même (1), employer l'expression *contracter* pour désigner des obligations formées sans convention (2).

Nul doute enfin, que, malgré le silence de la loi, les actions réelles concernant des immeubles situés en France seront portées devant les tribunaux français de la situation de ces immeubles.

Ainsi, la loi reconnaît à l'étranger, sans aucune condition de réciprocité (3), le droit de porter devant les tribunaux de France ses réclamations contre des Français.

Mais l'art. 16 du C. Nap. vient apporter une entrave à l'exercice de ce droit. Cet article est ainsi conçu : « En toutes matières, autres que celles de commerce, « l'étranger qui sera demandeur, sera tenu de donner « caution pour le payement des frais et dommages-in- « térêts résultant du procès à moins qu'il ne possède « en France des immeubles d'une valeur suffisante « pour assurer ce payement. »

Plusieurs autres textes sont relatifs à cette caution et il importe de les avoir sous les yeux. Ainsi le § 1er du titre *des exceptions*, au C. de proc. civile, est intitulé : *de la caution à fournir par les étrangers ;* il contient deux articles dont voici le texte ;

« Art. 166. — Tous étrangers, demandeurs princi-

(1) Art. 1372 C. Nap.

(2) *Conf.* M. Demante, t. 1, n° 29 *bis*, 3.

(3) *Conf.* Fœlix, t. 1, p. 261.

« paux ou intervenants, seront tenus, si le défendeur « le requiert, avant toute exception, de fournir cau« tion de payer les frais et dommages-intérêts aux« quels ils pourraient être condamnés. »

« Art. 167. — Le jugement qui ordonnera la cau« tion fixera la somme jusqu'à concurrence de laquelle « elle sera fournie : le demandeur qui consignera cette « somme ou qui justifiera que ses immeubles situés en « France sont suffisants pour en répondre sera dis« pensé de fournir caution. »

L'art. 423 du même Code qui se trouve dans le titre relatif à la *procédure devant les tribunaux de commerce*, est ainsi conçu : « Les étrangers demandeurs ne peu« vent être obligés, en matière de commerce, à four« nir une caution de payer les frais et dommages-in« térêts auxquels ils pourront être condamnés, même « lorsque la demande est portée devant un tribunal « civil dans les lieux où il n'y a pas de tribunal de « commerce. »

Tels sont les principaux textes relatifs à cette caution qu'on a l'habitude d'appeler caution *judicatum solvi*. Les motifs qui la font exiger de l'étranger demandeur sont faciles à comprendre ; il se peut que la demande formée par lui soit injuste et qu'il succombe ; dans ce cas il sera condamné à rembourser au défendeur les frais dont celui-ci a fait l'avance (1) ; mais rien de plus facile pour l'étranger que de disparaître ; aucun lien ne le retient en France et, s'il n'y possède pas des biens, sa condamnation aux dépens restera inefficace,

(1) Art. 130 C. pr.

car, la plupart du temps, elle ne pourra pas être exécutée dans son pays; il faudra alors le poursuivre devant les tribunaux de ce dernier, perdre du temps, faire des frais considérables, etc. C'est pour obvier à ces inconvénients que la loi permet au défendeur (1) d'exiger que le demandeur étranger fournisse caution. Et il importe peu que cet étranger soit demandeur principal ou intervenant, c'est-à-dire qu'il ait soulevé lui-même le procès ou qu'il soit survenu se placer dans des débats déjà entamés entre deux personnes (2). Mais dans ce cas il n'est vraiment demandeur qu'autant qu'il intervient pour le demandeur principal ou dans un intérêt propre et contraire aux prétentions réciproques des parties; que s'il intervient pour le défendeur, il ne devra pas la caution (3).

Cette caution n'est exigée que dans un intérêt purement privé, celui du défendeur; celui-ci peut donc y renoncer expressément ou tacitement; il est censé y avoir renoncé s'il ne l'a pas requise *avant toute exception*. Ces mots, combinés avec les art. 169 et 173 du C. de proc. donnent lieu à une difficulté qu'il est important de résoudre.

Le C. de proc. a rangé, ainsi que nous l'avons vu, le droit accordé au défendeur d'exiger caution du demandeur étranger, parmi les *exceptions* et il est à peine nécessaire de rappeler ici que les *exceptions* diffèrent des *moyens de défense* proprement dits, en ce

(1) Nous examinerons plus tard la question de savoir si la caution peut être demandée par le défendeur étranger.

(2) Art. 339 à 341 du C. de proc.

(3) *Conf.* MM. Demante, t. 1, n° 30 *bis*, 3; Mourlon, 1er exam. sur l'art. 16.

qu'elles ne tendent pas à combattre le fond même de la prétention du demandeur, mais seulement à en retarder l'examen. Tel est en effet le but de l'exception *judicatum solvi*: le défendeur, en l'exigeant, ne nie pas dès à présent la prétention du demandeur; il se réserve de la combattre ultérieurement; pour le moment il réclame du demandeur une caution pour le payement des frais et dommages-intérêts auxquels ce dernier pourra être condamné s'il succombe. Il doit requérir cela, nous dit l'art 166 du C. de proc. *avant toute exception*. Mais l'art. 169 du même Code dit également, en parlant de l'exception d'incompétence *ratione personæ* qu'elle doit être formée « *préalablement* « *à toutes autres exceptions et défenses.* » Enfin, d'après l'art. 173, l'exception fondée sur la nullité de l'exploit d'ajournement doit être proposée « *avant* « *toute défense ou exception autre que les exceptions* « *d'incompétence.* » La difficulté, on le voit, consiste à savoir dans quel ordre ces différentes exceptions doivent être présentées sans crainte de déchéance, en supposant que le défendeur est dans le cas d'opposer toutes les trois. La loi tranche elle-même la question quant aux exceptions d'incompétence et de nullité en disant formellement que la première doit être opposée avant la seconde; mais que décider de l'exception de caution? à notre avis, celle-ci doit précéder les deux autres, car, s'il en était autrement, le but de la loi serait en partie manqué. En effet, les exceptions d'incompétence et de nullité peuvent donner lieu à de longs débats et entraîner des frais considérables; or n'est-il pas évident que le remboursement de ces frais doit être assuré au défendeur aussi bien que celui des autres frais du procès? Ce qui indique, d'ailleurs, que telle a été l'intention du législateur, c'est que le Conseil d'État a repoussé la proposition du tribunat d'ajouter au texte de l'art. 166, outre les mots *avant toute exception*, ceux-ci, *autre que celle d'incompétence ou celle de nullité d'exploit*. Enfin, l'ordre même d'énumération de ces différentes exceptions dans le C. de proc. est un indice qui vient corroborer notre opinion (1).

Ainsi, le défendeur qui a négligé de demander la caution *in limine litis* et avant toute autre exception, est présumé y avoir renoncé; mais peut-il, en cas d'appel, la demander pour la première fois devant la Cour impériale? Nous ne le croyons pas : l'appel ne peut pas être considéré comme une nouvelle demande et il n'est pas permis au défendeur de revenir sur sa renonciation tacite (2). Que si le défendeur a exigé et reçu la caution *in limine litis* mais que la somme du cautionnement, tarifée par le tribunal, n'est pas suffisante pour les frais d'appel, le défendeur peut en demander une augmentation, qu'il soit intimé ou appelant, peu importe; car l'appel, nous le répétons, ne constitue pas une demande nouvelle et l'on peut dire que le défendeur en première instance, qui interjette appel, ne fait que continuer sa défense; et de même que, l'étranger, défendeur en première instance, qui

(1) *Conf.* MM. Boitard et Colmet-Daage, *Leçons de procéd. civile*, t. 1, n° 554.

(2) *Conf.* MM. Fœlix, t. 1, p. 278; Marcadé, t. 1, n° 150; Demante, t. 1, n° 30 *bis*, 3. — *Contrà*, MM. Colmet-Daage, sur Boitard, t. 1, n° 345; Soloman, 2e part., p. 82.

interjette appel, ne doit point caution, de même l'étranger demandeur en première instance contre lequel appel est interjeté, devra, s'il y a lieu, augmenter la somme du cautionnement (1).

Si l'étranger a été dispensé en première instance de fournir caution, parce qu'il se trouvait dans un des cas exceptés par la loi et que cette cause de dispense n'existe plus en appel, la caution pourra être exigée (2).

La caution devra garantir que le demandeur payera au défendeur : 1° *les frais* au remboursement desquels il sera condamné, en vertu de l'art. 130 du Code de proc., s'il succombe. La caution ne répond donc pas des frais faits à la requête du demandeur, ni de l'amende à laquelle il pourrait être condamné pour fol appel. 2° *Les dommages-intérêts résultant du procès*, auxquels il pourra être condamné; il s'agit ici des réparations pécuniaires à raison du préjudice que pourrait causer au défendeur le fait même du procès ou des procédés injurieux de la part du demandeur pendant ce procès; il ne peut pas évidemment être question de *dommages-intérêts* dûs pour des causes antérieures ou étrangères au procès (3). Le montant exact

(1) *Conf.* MM. Fœlix, t. 1, p. 278 et 279; Soloman, 2e part., p. 81; Marcadé, t. 1, n° 150. — M. Demangeat est d'un avis contraire : « L'appel, dit-il (sur « Fœlix, p. 279, la note *a*), interjeté contre un étranger le constitue défendeur : « peu importe qu'en première instance il ait été demandeur ou défendeur; « peu importe qu'on ait ou qu'on n'ait pas exigé de lui la caution *judicatum* « *solvi* : actuellement, il s'agit pour lui de se défendre, et sa défense ne doit « pas être entravée par la nécessité de trouver une caution. »

(2) *Conf.* Marcadé, *loc. cit.*

(3) *Conf.* MM. Boitard, t. 1, n° 348; Demante, t. 1, n° 30 *bis*, 5; Soloman, 2e part., p. 81; Mourlon, 1er Exam. sur l'art. 16.

de ces frais et dommages-intérêts ne pourra être connu qu'après le jugement; mais la loi confie au tribunal le soin de les évaluer d'avance d'une manière approximative par le jugement même qui ordonne que la caution soit fournie : la caution ne s'engagera donc que jusqu'à concurrence de la somme ainsi fixée.

La caution doit réunir les conditions exigées par les articles 2018, 2019 et 2040 du Code Napoléon. M. Marcadé (1) fait trop bon marché du premier de ces articles en se contentant d'une caution domiciliée en France, sans exiger qu'elle le soit dans le ressort de la Cour impériale où elle doit être donnée; l'art. 16 de la loi du 17 avril 1832 (2) qu'il invoque d'analogie, statue dans un cas tout différent et où la loi a voulu mitiger l'extrême rigueur dont elle a usé contre l'étranger. Cet article constitue une exception qui ne peut que confirmer la règle pour les cas non exceptés.

L'étranger demandeur est dispensé de fournir caution dans les cas suivants :

1° Lorsqu'il s'agit d'affaires commerciales; obliger dans ce cas l'étranger à fournir caution ce serait entraver les rapports commerciaux de la France avec les autres pays, car les étrangers, dans la crainte de ne pas pouvoir obtenir justice des tribunaux français, ne voudraient plus conclure que des affaires au comptant. Si l'on ajoute à cela cette considération que, les procès de commerce exigent une grande célérité et que les frais en sont modiques, on comprendra facilement que le législateur ait dispensé l'étranger demandeur en ces

(1) T. 1, n° 146.

(2) V. le texte de cet article dans notre chap. 1, § 7 (p. 54).

sortes d'affaires de l'obligation de fournir caution. Peu importe, ainsi que le dit formellement l'art. 423 du Code de procédure, que l'affaire soit portée devant un tribunal de commerce proprement dit ou devant un tribunal civil, dans les lieux où il n'y a pas de tribunal de commerce. Observons que lorsqu'un incident civil du genre de ceux prévus par l'art. 427 du Code de procédure s'élève pendant le cours d'une instance commerciale et que le tribunal renvoie devant les juges qui doivent en connaître, la dispense de la caution s'appliquera même à cet incident, car l'affaire reste toujours commerciale et le tribunal de commerce demeure saisi de la demande principale (1).

2° Lorsque le demandeur justifie que ses immeubles situés en France sont suffisants pour répondre du payement des frais et dommages-intérêts. On n'aura égard, bien entendu, qu'à la valeur libre des immeubles. La loi n'exige pas, pour que l'étranger soit dispensé, qu'il consente une hypothèque sur ses immeubles. Quant à l'opinion d'après laquelle ces immeubles sont affectés d'une hypothèque judiciaire, par l'effet du jugement, qui dispense le demandeur de la caution, elle est aujourd'hui généralement repoussée. En effet ce jugement ne contient aucune condamnation et n'est pas même déclaratif d'une obligation actuelle ou future; bien au contraire, il tend à dispenser de l'accomplissement d'une obligation (2).

3° Lorsque le demandeur, ne pouvant pas trouver

(1) *Conf.* MM. Soloman, 2e part., p. 79; Fœlix, t. 1, p. 280.

(2) *Conf.* MM. Fœlix, t. 1, p. 281; Demante, t. 1, n° 50 *bis*, 7; Soloman, 2e part., p. 79; Marcadé, t. 1, n° 149; Demangeat, p. 399.

une caution, offre de donner à sa place un gage en nantissement suffisant (art. 2041 C. N.).

4° Lorsqu'il consigne la somme fixée par le tribunal (1).

5° Lorsqu'il en est dispensé en vertu d'un traité passé entre son gouvernement et la France.

6° Lorsqu'il poursuit l'exécution d'un titre *paré;* par exemple lorsque, en vertu d'un titre exécutoire, il poursuit une expropriation forcée (2).

II. *De l'étranger défendeur contre un Français.* — L'art 14 du Code Napoléon, relatif à ce cas, est ainsi conçu : « L'étranger, même non résidant en France, « pourra être cité devant les tribunaux français, pour « l'exécution des obligations par lui contractées en « France avec un Français; il pourra être traduit de« vant les tribunaux de France, pour les obligations « par lui contractées en pays étranger envers des Fran« çais. » Les commentateurs relèvent avec raison la rédaction défectueuse de cet article et sont d'accord pour dire qu'aucune différence ne doit être induite des deux expressions *cité* et *traduit* qui sont employées dans chacune des phrases qu'il contient. Ce vice de rédaction a une cause historique : en effet, l'article du projet distinguait entre les obligations contractées en France et celles qui l'auraient été en pays étranger : dans le premier cas les tribunaux français étaient dé-

(1) Le Code de procédure civile de Grèce (art. 79) dispense l'étranger demandeur de la caution si la partie non contestée de sa créance est suffisante pour couvrir les frais et dommages-intérêts éventuels. Si une pareille espèce se présente en France, il nous paraît rationnel que le demandeur soit dispensé de la caution.

(2) *Conf.* MM. Fœlix, t. 1, p. 280; Soloman, 2e part., p. 80.

clarés compétents, même à l'égard de l'étranger non résidant en France, tandis que dans le second ils ne l'étaient que si cet étranger se trouvait en France. Cette distinction a été écartée par la suppression des mots *et s'il est trouvé en France* et le deuxième cas a été assimilé au premier; mais on a négligé de fondre les deux phrases en une seule, ainsi qu'on aurait dû le faire (1).

On voit, d'ailleurs, en quoi consiste la dérogation apportée par cet article aux principes du droit commun : il est de règle que toutes les fois que le demandeur allègue l'existence d'un droit de créance contre le défendeur, c'est le tribunal du domicile de ce dernier qui est compétent (*actor sequitur forum rei*); car, d'un côté ce tribunal est plus que tout autre à même d'apprécier la légitimité de la demande ; et d'un autre côté il serait injuste de permettre que le défendeur pût être attiré loin de son domicile pour répondre à une demande, mal fondée, peut-être. Eh bien ! l'art. 14 permet au Français créancier d'un étranger de citer son débiteur devant les tribunaux français encore même que ce dernier ne réside pas en France et que l'obligation ait été contractée en pays étranger (2).

(1) *Conf.* MM. Demante, t. 1, n° 29 *bis*, 1 ; Soloman, 2ᵉ part., p. 85, la note 24 ; Marcadé, t. 1, n° 157 ; Ducaurroy, Bonnier et Roustain, t. 1, p. 34 ; Fœlix, t. 1, p. 325 et 326.

(2) M. Sapey, en comparant (p. 210) à l'art. 14, l'art. 15, dit : « On reconnaît dans la seconde de ces deux dispositions le caractère imprimé par les « rédacteurs du Code à toute cette législation, celui d'une réciprocité parfaite. » Il y a là une erreur; car, tandis que l'art. 14 contient une exception aux principes du droit commun, l'art. 15 n'est que l'application de ces derniers (V. M. Demante, t. 1, n° 29 *bis*, 3).

Quant au sens du mot *contractées* employé dans cet article nous n'avons qu'à répéter ici ce que nous avons dit à propos de l'emploi de la même expression dans l'art. 15 : nous appliquerons par conséquent l'art. 14, non-seulement aux obligations conventionnelles mais encore à celles qui naissent d'un quasi-contrat, d'un délit ou d'un quasi-délit, il y a même une raison *a fortiori* pour admettre cette décision ; car la position du demandeur français est plus favorable dans le cas où il n'a pas accepté l'étranger pour débiteur (1).

L'article n'établit la dérogation à la règle *actor sequitur forum rei* que dans le cas d'une obligation contractée par un étranger *envers un Français ;* de là la question de savoir s'il doit être appliqué au cas où l'obligation ayant été contractée à l'origine par un étranger au profit d'un autre étranger, a été ensuite cédée par ce dernier à un Français. Nous avons examiné une question analogue en expliquant les art. 14 et 15 de la loi de 1832 sur la contrainte par corps et nous donnerons ici la même décision que celle que nous avons admise alors : nous distinguerons par conséquent entre les obligations qui ne peuvent être transmises d'une personne à une autre que par une cession ordinaire et celles qui, renfermant la clause *à ordre*, peuvent être cédées au moyen d'un endossement ; dans le premier cas nous n'appliquerons pas l'art. 14, lors même que la créance aurait été cédée à un Français ; nous l'appliquerons au contraire, dans le second, si

(1) *Conf.* MM. Fœlix, t. 1, p. 335 ; Demante, t. 1, n° 29 *bis*, 3 ; Demangeat, p. 405 ; Ducaurroy, Bonnier et Roustain, t. 1, p. 33 ; Soloman, 2e part., p. 83 ; Mourlon, 1er Exam. sur l'art. 14 ; Marcadé, t. 1, n° 139 ; Sapey, p. 212.

l'endossement est fait au profit d'un Français; quant aux motifs de cette distinction nous n'avons qu'à nous référer à ce que nous avons dit plus haut (1). Ces motifs et le texte précis de l'art. 14 rendent inadmissible la restriction proposée par M. Fœlix (2) et d'après laquelle le Français cessionnaire par suite d'un transport ordinaire pourrait invoquer l'art. 14 si le débiteur étranger se trouve en France. A plus forte raison l'opinion, émise par M. Demangeat (3), que l'art. 14 doit être appliqué en faveur du Français cessionnaire sans aucune distinction entre la cession transport et la cession par endossement, nous paraît-elle devoir être rejetée (4). Pour nous l'art. 14 renferme une disposition exceptionnelle qui ne doit pas être étendue en dehors des cas prévus par la loi.

Le droit donné par l'art. 14 au Français, créancier d'un étranger, de citer ce dernier devant un tribunal de France, constitue pour lui une *faculté* et non pas une *obligation;* le Français est libre d'y renoncer et, à notre avis, il doit être réputé y avoir renoncé, s'il a cité l'étranger devant les tribunaux de son pays; il ne sera donc plus recevable, dans ce cas, de porter une seconde demande devant un tribunal français. La loi française lui a donné un privilége exorbitant, celui de pouvoir soustraire l'étranger à ses juges naturels; mais, en lui accordant un choix, elle n'a pas pu l'au-

(1) V. p. 57. *Conf.* MM. Fœlix, t. 1, p. 328 à 330; Soloman, 2e part., p. 84 et 85; Sapey, p. 211.
(2) T. 1, p. 330 et suiv.
(3) Sur Fœlix, t. 1, p. 334, la note *a*.
(4) *Conf.* Cour de Paris, 24 avr. 1852.

toriser à traîner son débiteur d'un tribunal à un autre; il serait de mauvaise foi, si après s'être remis à la justice étrangère, il l'abandonne plus tard, parce qu'il a été trompé dans son attente, pour s'adresser aux tribunaux français. La question ne doit pas, on le voit, être confondue avec celle de savoir quelle est l'autorité qu'obtiendra en France le jugement rendu par le tribunal étranger; ce dernier point tient essentiellement au droit public : les conventions des parties ne pourraient pas à cet égard porter atteinte aux dispositions de la loi et faire, par exemple, que le jugement étranger emporte hypothèque en France, contrairement à l'art. 2123. Au contraire notre art. 14 contient, nous le répétons, une simple faculté dans l'intérêt privé du Français; celui-ci est donc libre d'y renoncer (1). D'ailleurs nous pensons que le tribunal français devant lequel l'exception de litispendance en pays étranger est produite, doit bien peser les circonstances pour statuer s'il y a eu, de la part du Français, une véritable renonciation au bénéfice de l'art. 14; car il ne nous paraît pas rationnel d'admettre l'idée d'une pareille renonciation dans le cas où le Français, ne pouvant pas en fait choisir entre les deux juridictions, s'est adressé, par nécessité, à la justice étrangère. Supposons en effet que l'étranger ne possède aucun bien en France et ne se trouve pas lui-même sur le sol français : il est évident que, dans ce cas, tout recours à la justice française serait presque illusoire et que le Français en citant son débiteur étran-

(1) *Conf.* MM. Fœlix, t. 1, p 541 et suiv.; Soloman, 2e part., p. 85 et 86.

ger devant les juges de son pays a pris la seule voie qui lui était ouverte par le fait ; il serait par conséquent injuste de voir là une renonciation au privilége de l'art. 14 (1).

Il est à peine nécessaire d'observer que si, dans une même contestation, l'étranger a traduit le Français devant un tribunal étranger, et que le Français ait, de son côté appelé l'étranger devant un tribunal de France, l'exception de litispendance ne pourra pas être efficacement opposée devant ce dernier (2).

L'étranger cité devant un tribunal français n'est tenu de fournir aucune caution analogue à celle que l'art. 16 permet d'exiger du demandeur étranger : la raison de cette différence tient à la différence qui existe entre la position d'un demandeur et celle d'un défendeur. On peut dire, en effet, que celui qui attaque a contre lui la présomption de la loi, tant qu'il n'a pas établi la légitimité de sa prétention ; la défense est, au contraire, considérée comme étant de droit naturel et il serait souverainement injuste que le défendeur pût être condamné par défaut, par cela seul qu'il n'aurait pas trouvé une caution. Par suite de cette idée on admet que l'étranger défendeur qui forme une demande reconventionnelle n'est pas soumis à l'obligation de fournir une caution (3). De même l'étranger arrêté provisoirement pour dettes, qui demande son élargissement n'est pas tenu de fournir caution (4).

(1) *Conf.* M. Demangeat, sur Fœlix, t. 1, p. 349, la note *a*.

(2) *Conf.* MM. Fœlix, t. 1, p. 349; Soloman, 2e part., p. 86.

(3) *Conf.* MM. Demante, t. 1, n° 30 *bis*, 3; Fœlix, t. 1, p. 368; Boitard, t. 1, n° 344.

(4) Cour de Paris, 24 avr. 1849.

Nous en dirons autant de l'étranger défendeur en première instance, qui interjette appel ; son appel n'est qu'un nouveau moyen de défense (1). Quant à la question de savoir quel est parmi les tribunaux français celui devant lequel l'étranger doit être assigné, nous déciderons, sans hésiter, dans le cas où l'étranger réside en France, que ce tribunal est celui de sa résidence, conformément à l'art. 59, § 1, du Code de proc. (2) ; que si l'étranger ne réside pas en France, il paraît difficile en l'absence de tout texte, d'astreindre le Français à le citer devant le tribunal de son propre domicile ; il est à regretter que la loi n'ait pas spécialement désigné le tribunal devant lequel l'assignation doit être donnée ; mais nous ne pouvons pas, ainsi que le font plusieurs auteurs, suppléer à son silence (3).

En ce qui concerne la manière d'assigner l'étranger, il faut distinguer : 1° Si cet étranger a une résidence connue en France, c'est au lieu de cette résidence qu'il devra être assigné, conformément à l'art. 69, § 8 du Code de proc. civ. (4).

2° S'il n'a pas de résidence connue sur le continent français, on devra suivre ce qui est prescrit par le n° 9 du même article, dont voici le texte : « Seront as-

(1) *Conf.* MM. Fœlix, *loc. cit.*; Demante, *loc. cit.*; Marcadé, t. 1, n° 150.

(2) *Conf.* C. Paris, 9 mai 1835 (Sirey, 1835, 2, 278).

(3) *Conf.* M. Fœlix, t. 1, p. 327. — M. Demangeat sur Fœlix (*loc. cit.*, la note *a*) décide que, dans cette hypothèse, l'étranger doit être traduit devant le tribunal du créancier français. — M. Soloman (2e part., p. 87) donne cette décision même pour le cas où l'étranger résiderait en France. — M. Marcadé, enfin, décide que le tribunal compétent est : 1° celui de la résidence, si l'étranger réside en France ; 2° celui du lieu de la passation du contrat, s'il s'agit d'une obligation passée en France (t. 1, n° 138).

(4) *Conf.* C. de cass. rej., 2 juill. 1822 (Dev. Car. 1822, 1. 105).

« signés..... ceux qui habitent le territoire français « hors du continent et ceux qui sont établis chez « l'étranger, au domicile du procureur impérial près « le tribunal où sera portée la demande, lequel visera « l'original et enverra la copie, pour les premiers, au « ministre de la marine, et pour les seconds à celui « des affaires étrangères. »

Observons d'abord que les termes généraux employés dans le paragraphe, indiquent qu'il doit être appliqué aussi bien aux Français qu'aux étrangers qui se trouvent dans la situation qu'il prévoit; mais nous n'avons à nous occuper que du cas où il s'agit d'un défendeur étranger (1). Ainsi l'exploit par lequel cet étranger est assigné, doit être remis au procureur impérial près le tribunal qui sera saisi de la demande (2). Mais que décider dans le cas où ce procureur impérial est lui-même partie jointe (art. 83, Code de proc.) ou principale (art. 184 et 200 Code Nap.) dans la cause? Est-ce encore à lui que l'exploit doit être remis? On

(1) L'article du titre 2 de l'ordonnance d'avril 1667 (auquel le mode d'assignation de notre art. 69, n° 9, a été emprunté) ne parlait que de l'étranger. Il disait, en effet, que « les étrangers qui seront hors le royaume seront ajour- « nés ès hôtels de nos procureurs généraux des parlements, où ressortiront les « appellations des juges devant lesquels ils seront assignés; et ne seront plus « données aucunes assignations sur la frontière. » Ces derniers mots faisaient allusion à l'assignation donnée à son de trompe « a la plus prochaine ville du « pays qu'on vouldroit ajourner », mode bizarre employé anciennement pour assigner les étrangers non résidant en France (*Somme rurale* de Jehan le Bouteillier, liv. 1. tit. 3).

(2) Une jurisprudence constante décide que l'exploit d'appel doit être signifié, sous peine de nullité, au procureur général près la Cour impériale devant laquelle l'appel est porté et non au procureur impérial près le tribunal qui a rendu le jugement attaqué. — V. notamment C. cass. rejet, 12 avr. 1843 (Sirey, 1843,1, 601).

admet l'affirmative : la position du ministère public offre en effet assez de garanties d'impartialité pour qu'il ne soit pas nécessaire d'établir une exception dans ces deux cas (1).

Le procureur impérial visera l'original et en enverra copie au ministre des affaires étrangères; celui-ci transmettra la copie à l'agent diplomatique de la France dans le pays de l'étranger, et cet agent la transmettra lui-même au ministre des affaires étrangères de ce pays afin qu'elle puisse parvenir à la personne assignée.

Quant aux délais pour comparaître, ils sont fixés par l'art. 73 du Code de proc. : « Si celui qui est assi« gné demeure hors de la France continentale, le « délai sera : 1° Pour ceux qui demeurent en Corse, « dans l'île d'Elbe ou de Capraja, en Angleterre et « dans les États limitrophes de la France, de deux « mois ; 2° pour ceux demeurant dans les autres États » de l'Europe, de quatre mois ; — 3° pour ceux de« meurant hors d'Europe, en deçà du cap de Bonne« Espérance, de six mois ; pour ceux demeurant au « delà, d'un an. » Ces délais ne peuvent pas être abrégés par ordonnance du président, car le 2e alinéa de l'art. 72 du Code de proc., n'est relatif qu'au cas d'une assignation donnée en France.

L'art. 74 du Code de proc. est ainsi conçu : « Lors« qu'une assignation à une partie domiciliée hors de « la France sera donnée à sa personne en France, elle

(1) *Conf.* Boitard, t. 1, n° 186.

« n'emportera que les délais ordinaires, sauf au tribu- « nal à les prolonger s'il y a lieu. »

III. *Des contestations entre deux étrangers.* — S'il s'agit d'une action réelle intentée par un étranger contre un autre étranger, à l'occasion d'un immeuble situé en France, devant le tribunal de la situation, il n'y a aucun doute que ce tribunal soit compétent; car, toutes les fois que l'affaire est réelle, on s'attache pour déterminer la compétence à la situation de l'immeuble litigieux, sans se préoccuper de la qualité des parties qui figurent dans le procès.

La difficulté est grande au contraire lorsque l'affaire agitée entre deux étrangers est personnelle ou mobilière, le tribunal français devant lequel la demande est introduite est-il compétent pour statuer sur elle? L'incompétence de ce tribunal n'est pas et ne pouvait pas être niée. Le législateur français pose, en effet, comme règle générale que, en matière personnelle, c'est le tribunal du domicile du défendeur qui est compétent; il n'apporte à cette règle qu'une seule exception au profit du Français créancier d'un étranger; ici, nous ne nous trouvons pas dans les termes de l'exception, c'est donc la règle générale qui doit être appliquée; et de même qu'un Français, assigné par son créancier devant un tribunal autre que celui de son domicile, peut opposer l'exception d'incompétence, de même l'étranger assigné par son créancier également étranger et ne pouvant pas par conséquent invoquer l'art. 14, devant un tribunal français, sera écouté s'il demande son renvoi devant ses juges naturels.

Il y a toutefois certains cas dans lesquels le défendeur étranger n'est pas recevable à décliner la compétence du tribunal français :

1° En matière commerciale il résulte de l'art. 420 du Code de procédure que si c'est en France que la promesse a été faite et la marchandise livrée, ou bien que le payement a dû être effectué, le tribunal français sera compétent. C'est ce qui était décidé dans l'ancien droit et sous l'empire de l'ordonnance du Commerce de 1673, dont le titre 12, art. 17, contenait une disposition analogue à celle de l'art. 420 du C. de proc. ; c'est ce qui est encore décidé aujourd'hui par la généralité des auteurs et la jurisprudence : cet article n'établit, en effet, aucune distinction entre les étrangers et les Français.

2° Il est évident que, si la demande d'un étranger contre un autre étranger tend à faire déclarer exécutoire en France un jugement rendu en pays étranger, le défendeur ne pourra pas opposer valablement l'exception d'incompétence.

3° On admet également que les tribunaux français sont compétents pour ordonner des mesures conservatoires ou provisoires relatives à des contestations entre étrangers, lors même qu'ils n'auraient pas à examiner le fond de ces contestations ; ainsi on décide avec raison que le président du tribunal peut autoriser un étranger à saisir arrêter entre les mains d'un tiers les sommes et effets dus à son débiteur étranger. A plus forte raison la compétence des juges français doit-elle être admise lorsque la mesure à prendre intéresse l'ordre public et les bonnes mœurs ; ainsi, en cas de contestations entre époux étrangers les juges français pourront ordonner les mesures nécessaires pour la sûreté de l'une des parties, et, par exemple, autoriser la femme à quitter provisoirement la maison du mari, lui assurer des moyens d'existence, etc.

4° De même l'ordre public est intéressé à ce que, si un étranger est lésé en France par un autre étranger dans sa personne ou dans ses biens, il obtienne une réparation devant les tribunaux français, sans que son action puisse être repoussée par l'exception d'incompétence.

Mais si, en dehors de ces cas, le défendeur n'oppose pas le déclinatoire, le tribunal peut-il se déclarer d'office incompétent? La question est controversée, mais la plupart des auteurs et une jurisprudence presque unanime se sont prononcés pour l'affirmative, et c'est là, à notre avis, la solution la plus conforme aux principes généraux sur la compétence, principes qu'il est bon de rappeler ici sommairement.

Pour déterminer quel est le tribunal compétent pour juger une affaire deux questions sont à résoudre : 1° il faut se demander quelle est la juridiction instituée pour connaître les affaires de la nature de celle dont il s'agit ; est-ce un juge de paix, un tribunal d'arrondissement, un tribunal de commerce, une cour impériale, est-ce enfin une juridiction administrative ? 2° une fois la première question résolue, il reste encore à déterminer à quels juges, parmi ceux de la juridiction dans les attributions de laquelle ces sortes de procès sont placés, l'affaire en question doit être déférée.

Si une erreur est commise sur la solution de l'une ou de l'autre de ces questions, la juridiction saisie par suite de cette erreur sera incompétente ; mais ces deux sortes d'incompétence, différentes dans leurs causes, diffèrent aussi dans leurs résultats. On comprend en effet que l'erreur commise quant à la solution de la première question serait beaucoup plus grave, puisqu'elle porterait atteinte aux bases mêmes de l'organisation judiciaire : l'ordre public est intéressé à ce qu'elle cesse; aussi la loi décide-t-elle (1) 1° que l'incompétence *ratione materiæ* peut être opposée par le défendeur en tout état de cause; 2° qu'elle peut être invoquée par le demandeur lui-même qui a mal à propos saisi le tribunal; 3° que, dans le silence des parties, le tribunal *est tenu* de la prononcer d'office.

L'erreur commise quant à la solution de la seconde question porte également atteinte aux lois, mais à des lois de pur intérêt privé, au bénéfice desquelles les parties peuvent renoncer ; aussi l'on décide (2) : 1° que le demandeur ne peut pas invoquer l'incompétence *ratione personæ*, puisqu'il l'a couverte en assignant le défendeur; 2° que le défendeur lui-même qui néglige d'opposer l'incompétence « préalablement à toutes autres exceptions et défenses (3) », est réputé y avoir renoncé; 3° que, dans le silence des parties, le tribunal

(1) Art. 170 C. pr.

(2) Art. 169 C. pr.

(3) Nous avons vu toutefois que l'exception de caution doit précéder celle d'incompétence.

n'est pas *tenu* de se déclarer d'office incompétent. Mais s'il n'y est pas *tenu*, le *peut-il* du moins? M. Boitard enseignait avec raison que le tribunal a ce droit. « Aucun article, disait-il (1), ne le lui refuse, aucun article ne l'oblige à connaître d'une affaire qui sort des « limites de l'art. 59. L'art. 7, il est vrai, a statué « différemment, mais seulement à l'égard des juges de « paix; l'art. 7 oblige le juge de paix, lorsqu'il n'est « compétent que *ratione personæ*, à connaître de l'affaire lorsque les deux parties l'en saisissent volontairement; mais c'est là une décision spéciale, qui ne « doit pas tirer à conséquence. »

Tels sont les principes généraux en matière de compétence; faisons-en maintenant l'application à l'hypothèse qui nous occupe. Un étranger en assigne un autre devant un tribunal civil de France pour le payement d'une dette; ce tribunal est incompétent, mais seulement *ratione personæ*, parce que le défendeur n'est pas son justiciable, n'étant pas domicilié dans son ressort; car, en ce qui concerne la nature de l'affaire, le tribunal est parfaitement compétent pour en connaître, puisqu'elle est pareille à celles dont il connaît journellement entre d'autres parties. De ce que le tribunal n'est incompétent que *ratione personæ*, nous devons conclure : 1° que l'incompétence ne peut pas être invoquée par le demandeur, puisqu'il l'a couverte en assignant; 2° qu'elle ne peut pas être invoquée par le défendeur, s'il y a renoncé expressément en faisant élection de domicile en France (art. 111 C. Nap., et 59

(1) T. 1, n° 352. — V. aussi le n° 616.

C. pr.), ou tacitement, en ne l'opposant pas préalablement à toutes autres exceptions et défenses ; 3° que, dans le silence des parties, le tribunal est libre de retenir et juger l'affaire ; mais qu'il est également libre de se déclarer d'office incompétent, à moins toutefois qu'il ne s'agisse d'un juge de paix ; car nous croyons qu'on doit appliquer ici l'art. 7 du Code de procédure, d'après lequel le juge de paix incompétent *ratione personæ*, saisi de l'affaire en dehors des art. 2 et 3 du même Code, et par la seule volonté des parties, n'est pas libre de se déclarer incompétent.

On voit que la seule raison qui nous fait adopter sur cette question le système de la plupart des auteurs et de la jurisprudence, c'est qu'il est rigoureusement conforme aux principes sur la compétence. Quant aux arguments tirés de ce que les juges français seraient obligés d'étudier les lois de tous les pays et de ce qu'il pourrait y avoir un encombrement de procès nuisible aux intérêts des Français, ils ne constituent selon nous que des considérations de fait et purement secondaires (1).

Il résulte de tout ce que nous venons de voir que les tribunaux français auront souvent à se prononcer sur des contestations entre étrangers, ou que, tout au

(1) Le système que nous venons d'adopter est soutenu notamment par MM. Marcadé, t. 1, n° 142 ; Demante, t. 1, n° 29 *bis*, 4 ; Soloman, 2e part., p. 94 et suiv. ; Valette, *Explic. du liv.* 1 *C. Nap.*, p. 16 à 18 ; Sapey, p. 215 à 217. — M. Fœlix (t. 1, p. 283 et suiv.) et M. Demangeat, dans ses notes sur cet auteur et dans son *Hist. de la cond. des étr.* (p. 389 à 396) pensent que le juge français est *obligé* de juger, lorsque le défendeur ne décline pas sa compétence. Toutefois, M. Fœlix apporte à ce principe une exception en ce qui concerne les questions d'état.

moins, la question de leur compétence sera débattue devant eux. Dans tous ces cas, l'étranger défendeur aura-t-il le droit d'exiger de l'étranger demandeur la caution *judicatum solvi?* Plusieurs auteurs se prononcent pour la négative (1), vers laquelle la jurisprudence paraît aussi incliner de plus en plus (2) : l'obligation de la part de l'étranger demandeur de fournir caution a été, dit-on dans ce système, établie dans l'intérêt du défendeur français, qui, présentant de son côté toutes les garanties, a en face de lui un adversaire qui peut se soustraire facilement au payement des frais et dommages et intérêts ; au contraire, entre deux étrangers la position est égale, et il n'y a pas de raison pour soumettre à la caution le demandeur plutôt que le défendeur. On ajoute que la place qu'occupe dans le Code Napoléon l'art. 16, placé sous la rubrique *De la jouissance des droits civils*, indique suffisamment que le droit d'exiger la caution est un droit appartenant exclusivement au défendeur français.

De ces arguments, le premier seul nous paraît avoir quelque valeur, et il aurait pu être produit s'il était question de refaire la loi ; malheureusement pour ceux qui l'invoquent, les art. 16 du Code Napoléon et 166 du Code de procédure ne contiennent aucune distinction basée sur la nationalité du défendeur, et nous ne saurions, pour notre part, distinguer là où la loi ne

(1) MM. Fœlix, t. 1, p. 273 et suiv. ; Colmet-Daage, sur Boitard, t. 1, n° 346, la note ; Marcadé, t. 1, n° 147 ; Ducaurroy, Bonnier et Roustain, t. 1, n° 60 ; Sapey, p. 219 ; Soloman, 2e part., p. 101 et 102.

(2) V. notamment l'arrêt de la cour de cassation en date du 13 avr. 1842 (Sirey, 1842, 1, 473).

distingue pas. Dans un cas analogue, celui de la contrainte par corps, le législateur n'a pas manqué de restreindre formellement aux Français le profit des mesures rigoureuses qu'il a prescrites contre les étrangers (1); s'il n'en a pas fait autant dans notre hypothèse, c'est, apparemment, que son intention n'a pas été la même dans les deux cas. D'ailleurs, nous avons montré la différence existant entre la position du demandeur, qui a contre lui la présomption de la loi, et celle du défendeur qu'il serait injuste de laisser condamner par défaut dans le cas où il ne trouverait pas une caution. Quant à l'argument tiré de l'intitulé du chapitre dans lequel l'art. 16 est placé, qu'il nous suffise d'observer qu'il est aussi bien question dans ce chapitre des droits des étrangers que de ceux des Français, et que, de plus, de la manière dont cet art. 16 ainsi que l'art. 166 du Code de procédure sont rédigés, il résulte que le législateur a entendu établir contre l'étranger l'exclusion du droit d'agir librement en justice, plutôt qu'accorder un privilége au Français (2).

(1) V. plus haut p. 51 et suiv.

(2) *Conf.* MM. Demangeat, p. 400 à 402; le même, sur Fœlix, t. 1, p. 275, la note *a*; Boitard, t. 1, n° 346; Demante, t. 1, n° 30 *bis*, 2; Cour de Paris, 28 mars 1832 et 30 juill. 1834.

SECTION II.

De l'autorité que les jugements rendus par les tribunaux étrangers obtiennent en France.

Cette question de savoir quelle est l'autorité que les lois françaises accordent aux jugements rendus par les tribunaux étrangers soulève de vives controverses.

La célèbre ordonnance de janvier 1629, connue plus particulièrement sous la dénomination de *Code Michaud*, contenait à cet égard, dans son art. 121 déjà cité (1), la disposition suivante : « Les jugements « rendus ès royaumes et souverainetés étrangères, pour « quelque cause que ce soit, n'auront aucune hypo- « thèque ni exécution en notredit royaume, et non- « obstant les jugements, nos sujets contre lesquels ils « auront été rendus pourront de nouveau débattre « leurs droits comme entiers pardevant nos officiers. »

Cet article contenait deux règles parfaitement distinctes, la première relative à la force exécutoire et à l'hypothèque : la seconde ayant trait à l'autorité de la chose jugée. La première règle était absolue : elle refusait d'une manière générale et sans aucune exception la force exécutoire en France aux jugements rendus par les tribunaux étrangers. La seconde règle reconnaissait aux mêmes jugements l'autorité de la

(1) V. p. 110.

chose jugée, à moins qu'ils ne fussent rendus contre des Français, cas dans lequel ceux-ci pouvaient de nouveau débattre leurs droits devant les tribunaux français. Ainsi, le jugement avait-il été rendu entre étrangers ou au profit d'un Français contre un étranger; le juge français n'avait qu'à en ordonner l'exécution sans pouvoir examiner le fond de la décision; avait-il été au contraire rendu contre un Français, celui-ci pouvait s'opposer à ce que son exécution fût ordonnée en France sans qu'au préalable le fond du droit fût débattu devant le tribunal français. En un mot l'étranger était lié par la sentence rendue contre lui hors de France tandis que le Français pouvait la méconnaître en demandant à être jugé de nouveau par des juges français.

Telle était sur ce point la doctrine précise de l'ancien droit. Dans les codes actuellement en vigueur nous trouvons deux dispositions relatives aux jugements rendus en pays étranger :

D'une part, le dernier alinéa de l'art. 2123 du C. Napoléon est ainsi conçu : « L'hypothèque ne peut « *pareillement* (1) résulter des jugements rendus en « pays étranger qu'autant qu'ils ont été déclarés exé- « cutoires par un tribunal français, sans préjudice des « dispositions contraires qui peuvent être dans les « lois politiques ou dans les traités. »

D'autre part, nous lisons dans l'art. 546 du C. de procéd. civ. que « les jugements rendus par les tri-

(1) Le mot *pareillement* se réfère à la disposition du troisième alinéa du même article, d'après laquelle « les décisions arbitrales n'emportent hypothèque « qu'autant qu'elles sont revêtues de l'ordonnance judiciaire d'exécution. »

« bunaux étrangers ne seront susceptibles d'exécution « en France que de la manière et dans les cas prévus « par l'art. 2122 du C. civ. »

Il résulte clairement de ces deux textes, dont le second n'est que la généralisation du premier : 1° que les jugements étrangers n'ont par eux-mêmes aucune force exécutoire en France et n'emportent pas, par conséquent sur les immeubles français l'hypothèque établie par le législateur pour assurer l'exécution des ordres de la justice ; 2° qu'il appartient aux tribunaux français de déclarer exécutoires les jugements étrangers, ce qui permettra à ceux qui les ont obtenus de procéder aux mesures d'exécution autorisées par la loi française et de prendre l'inscription hypothécaire sur les immeubles situés en France ; 3° que, en cette matière, comme en tout ce qui concerne la condition des étrangers, des dérogations peuvent être apportées à la règle générale par des lois politiques ou par des traités.

Mais il n'est question dans ces textes que de la force exécutoire des jugements étrangers et le législateur moderne garde un silence absolu relativement à l'autorité de la chose jugée par les tribunaux étrangers ; de là la question, si vivement débattue, de savoir si le tribunal français peut procéder à un nouvel examen du fond de l'affaire.

Dans un premier système, qui a prévalu dans la jurisprudence, on soutient que toute personne française ou étrangère contre laquelle on invoque un jugement rendu par des juges étrangers, pourra débattre de nouveau ses droits devant le tribunal français (1), on admet par conséquent dans ce système que le jugement étranger n'a pas en France l'autorité de la chose jugée; le tribunal français devant lequel la demande d'exécution est portée devra donc, si le défendeur le requiert, examiner de nouveau le fond de l'affaire : reconnaît-il le bien jugé de la sentence étrangère, il la déclarera exécutoire ; dans le cas contraire, il déboutera le demandeur de sa demande d'exécution.

Dans un second système, professé par des jurisconsultes éminents, on prétend que l'art. 121 de l'ordonnance de 1629 est encore en vigueur et que, par conséquent, la question agitée doit être résolue d'après la distinction établie par cet article : 1° le jugement a-t-il été rendu entre étrangers ou au profit d'un Français contre un étranger, il aura en France force de chose jugée ; le tribunal français à qui l'on demandera de le déclarer exécutoire ne pourra pas examiner de nouveau le fond de l'affaire et devra se borner à rechercher si le jugement ne contient rien de contraire à l'ordre public ou à la souveraineté de la France; 2° le jugement a-t-il été rendu au préjudice d'un Français, celui-ci pourra débattre de nouveau ses droits comme entiers devant les tribunaux français (2).

(1) *Conf.* C. de cass., 19 avr. 1819 (Sirey, 1819, 1, 129); Paris, 27 août 1816 (Sirey, 1816, 2, 369); Toulouse, 27 déc. 1819 (Sirey, 1820, 2, 312); Grenoble, 3 janv. 1829 (Sirey, 1829, 2, 176); Douai, 3 janv. 1845 (Dev.-Car., 1845, 2, 513).

(2) *Conf.* MM. Valette, *Revue de droit franç. et étr.*, t. 6 ; Fœlix, t. 2, p. 70 et suiv. ; Demangeat, p. 405 et suiv. ; Sapey, p. 226 et suiv. ; Colmet-Daage, sur Boitard, t. 2, p. 181, la note 1. — C'est à tort que M. Fœlix (*loc. cit.*) cite, parmi les partisans de ce système, MM. Boitard et Soloman.

Nous ne pouvons admettre aucun de ces deux systèmes, le premier encore moins que le second, car il n'a pas même l'avantage de se conformer à ce qui était dit dans l'ordonnance de 1629. Les arrêts qui l'ont consacré, en donnent pour motif principal, que les principes du droit public et de la souveraineté ne permettent pas de reconnaître en France une autorité quelconque aux jugements étrangers, commettant ainsi une véritable pétition de principes, puisqu'il est évident que la puissance souveraine a pu faire sur ce point comme sur tant d'autres une *concession* fondée sur des motifs d'intérêt et d'utilité réciproques ; — ils invoquent en second lieu un argument tiré de la différence que la loi établit sur ce point, entre les sentences arbitrales et les jugements rendus en pays étranger : en effet, disent-ils, « lorsque le législateur a dû permettre « l'exécution sur simple *pareatis* des jugements rendus « par des arbitres revêtus du caractère de juges, il a eu « le soin de ne confier la faculté de délivrer l'ordon« nance d'*exequatur* qu'au président, et non pas au « tribunal, parce qu'un tribunal ne peut prononcer « qu'après délibération et ne doit accorder, même par « défaut, les demandes formées devant lui, que si elles « se trouvent justes et bien vérifiées (art. 116 et 150 « du Code de proc.) » (1). Mais cet argument n'est pas plus fondé que le précédent. Les attributions des tribunaux sont déterminées par les différentes dispositions législatives et il est certain que le législateur a

(1) Nous avons cité textuellement l'arrêt de la cour de cassation du 19 avril 1819.

pu parfaitement ne leur confier que le pouvoir de déclarer exécutoires les jugements étrangers sans examiner le mérite du fond; ainsi nous ne voyons pas en quoi les art. 116 et 150 du Code de proc., invoqués dans l'arrêt de la Cour suprême, peuvent influer sur la question; nous ajouterons que les motifs de la différence établie par la loi entre les jugements étrangers et les sentences des arbitres (1) s'expliquent facilement. Si c'est au président que la loi confie le pouvoir de déclarer exécutoire la sentence arbitrale, c'est que les points à vérifier à cet effet sont bien simples : c'est, premièrement, l'existence du compromis; c'est, en second lieu, l'authenticité de la signature des arbitres. Lorsqu'il s'agit au contraire d'un jugement rendu par un tribunal étranger il faudra, outre la vérification de l'authenticité du jugement et de la fidélité de sa traduction, procéder à un examen beaucoup plus délicat et rechercher si ce jugement ne contient rien de contraire à l'ordre public, aux bonnes mœurs ou à la souveraineté de l'État; or la loi a jugé qu'il n'était pas de trop, pour cet examen, des lumières de tout un tribunal. Ainsi, ce jugement consacre-t-il la polygamie, l'inceste, ordonne-t-il d'arrêter un esclave fugitif, prononce t-il la contrainte par corps dans un cas où, d'après la loi française elle ne peut pas avoir lieu... le tribunal refusera d'en ordonner l'exécution. Son intervention a lieu dans l'intérêt public et non pas dans l'intérêt privé des parties. D'ailleurs, si le tribu-

(1) Voir sur ces dernières les art. 1020 et suiv. C. pr.

nal pouvait, s'érigeant ainsi en juridiction d'appel, réformer la sentence étrangère, ce ne serait plus cette sentence qui serait exécutée, ce serait un jugement français : or les termes formels des art. 2123 et 546 se refusent à une pareille idée.

Nous croyons avoir prouvé combien le premier système, celui de la jurisprudence est peu fondé ; le second ne l'est guère plus, quoiqu'on invoque en sa faveur un argument sérieux : la tradition de l'ancien droit. La loi, dit-on, n'a formellement prévu que ce qui concerne l'*exécution* des jugements étrangers ; elle a gardé le silence relativement à l'*autorité de la chose jugée.* Son intention a donc été de se référer sur ce point à l'art. 121 du Code Michaud et de maintenir la distinction établie par cet article. Mais cette manière de raisonner est loin de nous convaincre et ce silence de la loi qu'on invoque est pour nous la preuve la plus évidente, que le législateur a voulu laisser de côté la distinction contenue dans l'ordonnance. Oui, il n'y a rien de commun entre la force exécutoire et l'autorité de la chose jugée ; mais il n'en est pas moins vrai que l'ordonnance de 1629 en traitait dans une seule et même disposition, que cette disposition était sous les yeux des rédacteurs des art. 2123 et 546 et que ces rédacteurs n'en ont reproduit que la première partie ; un oubli de leur part ne peut pas être supposé et leur silence serait impardonnable, s'il n'avait pas pour motif de laisser de côté une disposition surannée. Ainsi, et pour nous résumer, nous dirons que le jugement rendu par un tribunal étranger obtiendra en France l'autorité de la chose jugée, mais qu'il ne pourra être exécuté que sur un ordre du tribunal français; nous ajouterons que le tribunal devra, avant de déclarer le jugement exécutoire, examiner s'il ne contient rien de contraire à la souveraineté de l'État, à l'ordre public ou aux bonnes mœurs (1).

Que décider maintenant des sentences arbitrales rendues par des arbitres étrangers ou en pays étranger? devront elles être déclarées exécutoires par ordonnance du président conformément aux art. 2123, 3e alinéa du Code Nap., 1020 et suivants du Code de proc., ou bien l'intervention du tribunal sera-t-elle nécessaire à cet effet, comme s'il s'agissait d'un jugement étranger? On est d'accord pour dire que l'ordonnance du président suffit : l'arbitre tient ses pouvoirs de la seule volonté des parties, et non pas de la puissance souveraine; peu donc importe quelle est sa nationalité; peu importe encore dans quel pays la sentence a été rendue: cette sentence ne doit pas être assimilée à un jugement proprement dit, car elle n'est au fond qu'une convention intervenue entre les parties agissant par mandataires. Mais si au contraire il s'agit d'un arbitrage forcé (2), la sentence des arbitres dont l'autorité procède de la juridiction étrangère doit être considérée comme un véritable jugement étranger et ne pourra être déclarée exécutoire que par le tribunal

(1) *Conf.* MM. Boitard, t. 2, n° 802; Marcadé, t. 1, nos 143 à 145; Paul Pont, *Priv. et hyp.*, t. 1, nos 585 à 587; Soloman, 2e part., p. 108 à 114.

(2) En France la loi du 17-23 juill. 1856 a supprimé l'arbitrage forcé pour les contestations entre associés et à raison de la société, en abrogeant les art. 51 à 63 C. com. (V. pour l'analyse de cette loi la brochure de M. Bravard, intitulée : *Explication des lois nouvelles*, Paris, 1857).

tout entier : dans ce cas, en effet, la mission des arbitres ne leur vient pas de la volonté des parties, mais du juge institué par le souverain étranger. Nous en dirons autant du cas où les juges étrangers sont intervenus pour nommer un arbitre départiteur (1).

(1) *Conf.* MM. Fœlix, t. 2, p. 154 à 170 ; Paul Pont, *Priv. et hyp.*, t. 1, n° 587 ; Soloman, 2e part., p. 114.

POSITIONS.

DROIT ROMAIN.

I. L'usufruit d'une créance peut être légué soit au débiteur lui-même, soit à un tiers : dans les deux cas le légataire devra fournir la caution prescrite par le sénatus-consulte qui a permis la constitution du droit d'usufruit sur toutes les choses qui existent dans le patrimoine.

II. Dans l'action négatoire le demandeur ne doit prouver que sa propriété, et c'est au défendeur à prouver l'existence de la servitude ; à moins que le demandeur n'ait reconnu l'existence antérieure de cette servitude et prétende seulement qu'elle s'est éteinte, cas auquel c'est à lui de prouver la cause de l'extinction. *nec obstant* L. 15, ff., *De op. novi nunc.* (39, 1), et L. 68, § 3 ff., *Si servitus vindicetur* (8, 5).

III. La tradition d'une chose *mancipi*, faite par un

pérégrin à un citoyen, fait acquérir à ce dernier le *dominium ex jure quiritium.*

IV. C'est à tort qu'on appelle ordinairement *publicienne rescisoire* l'action dont il est question dans le § 5, *de action.*, aux Institutes (4, 6); cette action était, suivant les cas, la publicienne ordinaire, avec refus de l'exception *justi dominii*, ou une *rei vindicatio rescissa usucapione.*

V. Le texte de Gaïus, qui forme la loi 21, ff., *De adopt.* (1, 7), a été évidemment dénaturé par les compilateurs.

VI. La règle catonienne ne s'applique pas aux institutions d'héritier : *nec obst.* L. 4, ff., *De reg. cat.* (34, 7).

VII. Le fidéicommissaire, qui a les choses *in bonis* dès que le grevé déclare qu'il restituera le fidéicommis, ne peut pas pourtant, tant qu'il n'en a pas pris possession, intenter la publicienne : *nec obst.* L. 12, § 1, *De public. in rem* ff., (6, 2).

VIII. Il faut, pour ce qui concerne le droit d'accroissement en matière de legs, distinguer en droit romain trois époques : 1° le droit antérieur aux lois caducaires; 2° le droit établi par les lois caducaires ; 3° le droit de Justinien.

IX. La loi *Julia* ne défend que l'aliénation du fonds dotal ; quant à la règle d'après laquelle le mari ne peut pas engager ou hypothéquer ce fonds, même avec le consentement de sa femme, elle s'est établie sous l'influence du sénatus-consulte Velléien.

X. Dans le droit antérieur à Justinien, les arrhes ne

sont qu'une preuve de la conclusion de la vente; dans celui de Justinien, elles constituent un moyen de dédit.

XI. Les *gentiles* sont les membres de la famille du patricien patron ou du *manumissor* (famille d'extraction purement ingénue et franche de toute clientèle) par rapport aux membres de la famille des clients ou de la famille affranchie. La gentilité n'est donc pas réciproque.

DROIT FRANÇAIS.

DROIT CIVIL.

I. L'étranger jouit en France de tous les droits privés autres que ceux dont la loi lui enlève expressément la jouissance.

II. L'étranger divorcé dans son pays peut se remarier en France.

III. Le père étranger n'aura d'usufruit sur les biens, situés en France, de son enfant mineur, que si sa loi personnelle lui en accorde.

IV. La dévolution par succession des biens laissés en France par un étranger s'opère conformément à la loi française, sans distinction entre les immeubles et les meubles.

V. Les règles sur la quotité disponible sont de statut réel.

VI. Il faut en dire autant des règles contenues dans les art. 908 et 909 du Code Nap.

VII. L'étranger, incapable d'après sa loi personnelle, peut se faire restituer contre son obligation, lors même que le Français avec lequel il a contracté serait de bonne foi.

VIII. La femme étrangère n'aura d'hypothèque sur les immeubles que son mari possède en France que si sa loi personnelle lui en accorde. Il faut en dire autant du mineur étranger.

IX. Le droit d'exiger caution du demandeur étranger appartient à tout défendeur, qu'il soit Français ou étranger.

X. L'exception par laquelle le défendeur exige caution du demandeur étranger doit être opposée avant les exceptions d'incompétence et de nullité de l'exploit d'ajournement.

XI. Dans le cas où, une contestation entre deux étrangers étant portée devant un tribunal français, le défendeur n'oppose pas le déclinatoire d'incompétence, le tribunal peut se déclarer d'office incompétent.

XII. L'art. 121 de l'ordonnance de 1629 n'est plus en vigueur.

DROIT INTERNATIONAL PUBLIC.

XIII. Les ambassadeurs ou autres envoyés diplomatiques, ainsi que leur famille et les personnes qui font partie de leur mission à titre public, ne peuvent pas être considérés comme agents pénalement responsables de délits devant les tribunaux de l'État auprès duquel ils sont accrédités.

DROIT PÉNAL.

XIV. La loi pénale est *territoriale* en ce sens qu'elle atteint tous les délits commis sur le territoire, sans distinguer si les délinquants sont nationaux ou étrangers. Quant aux délits commis hors du territoire, il serait rationnel de les punir toutes les fois que la justice et l'utilité sociale l'exigent ; mais, sur ce point, la loi pénale française n'est pas entièrement conforme aux principes de la science rationnelle.

XV. La punition des délits de droit commun, commis à bord d'un navire de commerce étranger, mouillé dans les eaux françaises, entre gens de l'équipage, est laissée à la juridiction de l'État auquel ce navire appartient, toutes les fois que la tranquillité du port français n'en est pas compromise.

Vu : Le doyen de la Faculté,
CH. PELLAT.

Le Président de la thèse,
ORTOLAN.

Permis d'imprimer,
Le Vice-Recteur,
A. MOURIER.

Paris. — Imprimé par E. THUNOT et Cᵉ, rue Racine, 26.

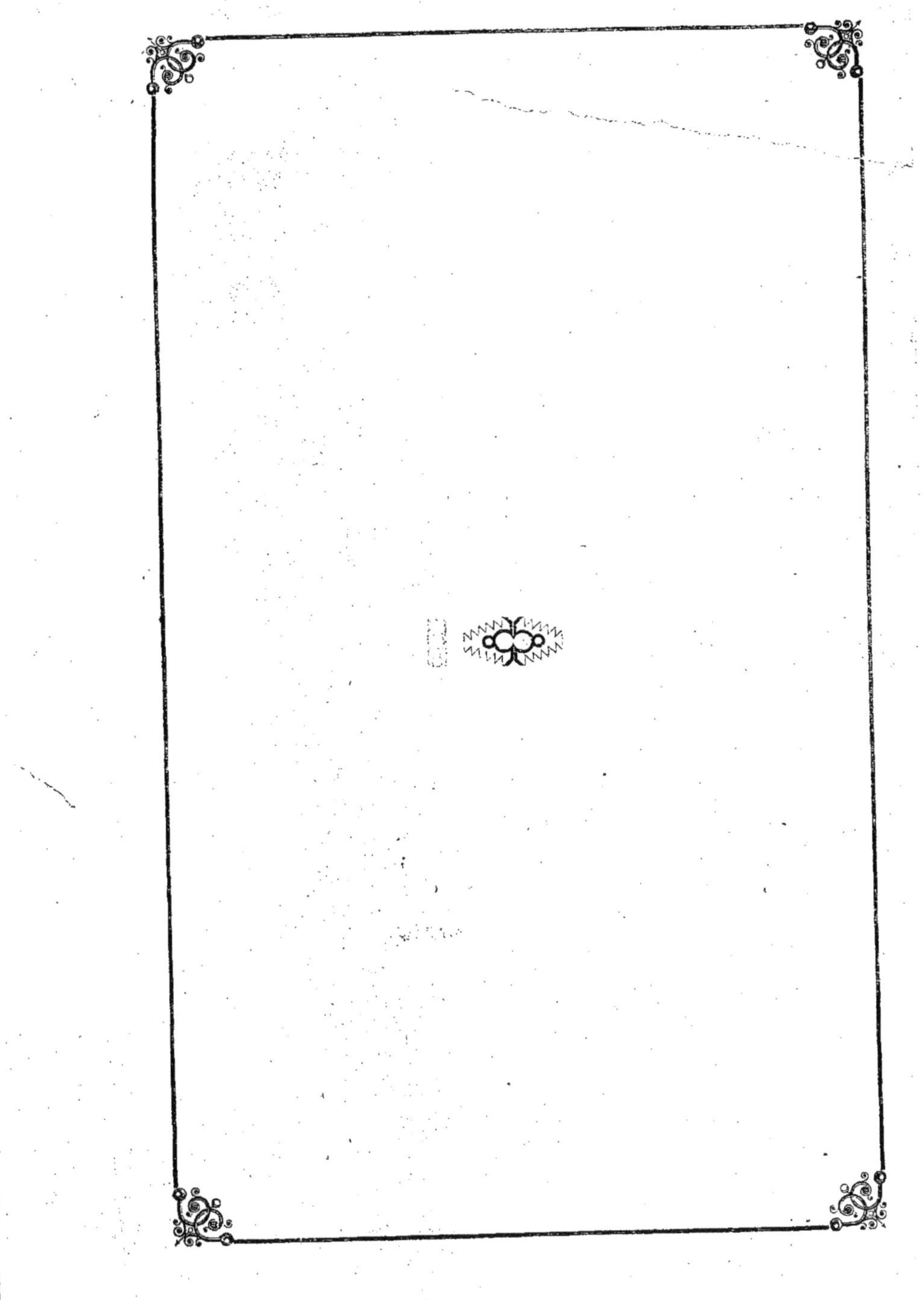

www.ingramcontent.com/pod-product-compliance
Ingram Content Group UK Ltd.
Pitfield, Milton Keynes, MK11 3LW, UK
UKHW020335230726
13925UKWH00002B/803